Jesús M. Guzmán Chinea

Teoría Fundamental Organizacional

Jesús M. Guzmán Chinea

Teoría Fundamental Organizacional

Teoría Organizacional

Editorial Académica Española

Imprint

Any brand names and product names mentioned in this book are subject to trademark, brand or patent protection and are trademarks or registered trademarks of their respective holders. The use of brand names, product names, common names, trade names, product descriptions etc. even without a particular marking in this work is in no way to be construed to mean that such names may be regarded as unrestricted in respect of trademark and brand protection legislation and could thus be used by anyone.

Cover image: www.ingimage.com

Publisher:
Editorial Académica Española
is a trademark of
International Book Market Service Ltd., member of OmniScriptum Publishing Group
17 Meldrum Street, Beau Bassin 71504, Mauritius

ISBN: 978-620-3-03587-2

Teoría fundamental organizacional

JESÚS MANUEL GUZMÁN CHINEA.

AÑO 2021

Publicación Científica – Técnica y Docente

INDICE

4.4.1 Cambio organizacional

4.4.2 Innovación

Unidad I: El concepto de organización y la teoría de organizaciones

1.1 La teoría organizacional

Casi siempre en nuestras vidas las organizaciones son difíciles de observar. Vemos sus resultados, como un gran edificio o una estación de trabajo de computadora o un empleado amable; pero la organización como unidad es vaga, abstracta y puede estar dispersa en diferentes ubicaciones físicas.

Sabemos que las organizaciones están ahí porque nos afectan todos los días. Ciertamente son tan comunes que les damos por supuestas. Es difícil darnos cuenta de que nacemos en un hospital, que tenemos nuestros documentos de nacimiento registrados en una dependencia gubernamental, que nos alimentamos con comida producida en granjas que son empresas, que compramos una casa erigida por una constructora y que ha sido vendida por una agencia de bienes inmuebles.

1.1.1 Concepto de organización

El concepto que emplearemos para definir a las organizaciones es: "Las organizaciones son entidades sociales, dirigidas a metas, diseñadas con una estructura deliberada y con sistemas de actividad coordinados y vinculadas con el ambiente externo".

Debemos tener en cuenta que los elementos clave de una organización no son un edificio o un conjunto de políticas y procedimientos; las organizaciones están formadas por personas y las relaciones que tienen unas con otras. Una organización existe cuando la gente interactúa para desempeñar funciones esenciales que la ayude a alcanzar metas.

Una organización es un conjunto de personas que actúan juntas y dividen las actividades en forma adecuada para alcanzar un propósito común. Las organizaciones son instrumentos sociales que permiten a muchas personas combinar sus esfuerzos y lograr juntas objetivas que serían inalcanzables en forma individual. Forman un sistema cooperativo racional, es decir, las personas deciden apoyarse mutuamente para alcanzar metas comunes. Esta lógica permite conjugar e integrar esfuerzos individuales y grupales para producir resultados más amplios. De ahí la importancia de las personas y los grupos en el comportamiento organizacional. Las organizaciones influyen tanto en la sociedad como en la vida particular de cada persona.

Cada día estamos en contacto con diversas organizaciones. Si no somos miembros de ellas (en el trabajo, la escuela, actividades sociales y cívicas, la iglesia), nos vemos afectados por ellas como clientes, pacientes, consumidores o ciudadanos. Nuestras experiencias en las organizaciones pueden ser buenas o malas. A veces las organizaciones pueden parecernos adecuadas o ceñirse a nuestras necesidades, pero en otras ocasiones nuestro contacto con ellas puede provocarnos irritación y frustración. Incluso pueden llegar a ser un tormento.

Sin embargo, son imprescindibles para mantener cierta calidad de vida y alcanzar el éxito personal. Las organizaciones dependen de las actividades y de los esfuerzos colectivos de muchas personas que colaboran en su funcionamiento.

Los recursos humanos de las organizaciones están constituidos por individuos y grupos, es decir, por la gente que desempeña actividades y hace aportaciones que permiten a la organización servir para un propósito particular. Sin embargo, para que las personas puedan dar resultados y contribuir a la prosperidad de las organizaciones necesitan recursos físicos y materiales como tecnologías, materias primas, equipos, instalaciones y dinero, los cuales son manejados o procesados por personas.

Todos esos recursos son indispensables para producir bienes y servicios y, en consecuencia, para el éxito de la organización. Las organizaciones son la palanca del desarrollo económico y social de cualquier país. Las relaciones que se observan en la sociedad moderna son posibles gracias a que personas agrupadas se involucran en proyectos comunes. La sociedad moderna se ha desarrollado gracias a la creación de organizaciones especializadas en crear y ofrecer bienes y servicios.

En la actualidad, es poco probable que el esfuerzo de una sola persona logre gran cosa, vivimos en una sociedad de organizaciones, que son el motor de la innovación y el progreso.

El grado de desarrollo de una nación y la calidad de vida de su pueblo dependen fundamentalmente de las características de sus organizaciones, las cuales son importantes tanto para las naciones como para las personas, pues pasan la mayor parte de su vida en ellas. La principal explicación de la proliferación de las organizaciones consiste en que ciertas metas sólo se pueden alcanzar mediante la acción convergente de grupos de personas. Cualquiera que sea la meta (ganancias, educación, religión, salud, la elección de un candidato o la construcción de una calle), las organizaciones se caracterizan por un comportamiento dirigido hacia uno o más objetivos.

Las organizaciones persiguen metas que sólo son alcanzables de modo eficiente y eficaz mediante la acción conjunta de varios individuos, son instrumentos vitales para la sociedad. En la industria, la educación, la salud y el entretenimiento, entre otras áreas, han producido enormes aumentos en la calidad de vida. No obstante, las organizaciones son mucho más que simples instrumentos para producir bienes y servicios, también crean el entorno donde la mayoría de las personas pasan sus vidas y tienen una enorme influencia en el comportamiento humano. Comprender la conducta de las personas en las organizaciones es el objetivo básico del CO. El estudio del CO debe comenzar por las organizaciones, pues en ellas se desarrolla el comportamiento.

Estas agrupaciones funcionan como sistemas abiertos, o sea en interacción continua con su entorno, donde hacen intercambios. Las organizaciones no son sistemas deterministas, de relación lineal causa-efecto. Por el contrario, son sistemas probabilísticos, cuyo comportamiento no se explica sólo a partir de aspectos separados o relaciones causales simples y directas. El análisis de una organización no puede limitarse a la descripción de las partes que la integran, sino que requiere una visión sistémica y holística, como veremos más adelante. Además, las organizaciones no están estáticas ni son inertes. Tienen vida propia. Nacen, se desarrollan y mueren.

En realidad, las organizaciones no son sólo predios o conjuntos de ofi cinas y maquinaria, la infraestructura física edificios, máquinas, equipo e instalaciones es sólo una plataforma para que la organización funcione, es decir, para transformar insumos recursos, materiales, energía e información en resultados, como productos o servicios. Sin embargo, esa actividad cotidiana no es la esencia de las organizaciones, que son mucho más que eso. En realidad, las organizaciones son organismos vivos que se adaptan continuamente a su entorno. Aunque pareciera que las organizaciones son inteligentes, en realidad la inteligencia radica en las personas que trabajan y cooperan en ellas.

Teoría organizacional.

La teoría y la praxis organizacional es parte esencial tanto del proceso económico, producción, distribución, consumo como del proceso administrativo, planeación, organización, dirección, ejecución, supervisión y control lo mismo que de la organización empresarial: pública, privada y mixta. Es útil tener presente la visión y definición: "organización es el proceso de combinar el trabajo que los individuos o grupos deben efectuar, con los elementos necesarios para su ejecución, de tal manera que las labores que así se ejecuten, sean los mejores medios para la aplicación eficiente, sistemática, positiva y coordinada de los esfuerzos disponibles".

Las Teorías del Comportamiento Empresarial y Humano psico-sociológicamente son esenciales en el estudio organizacional de la Empresa el objetivo consiste en establecer una teoría del comportamiento social antes que económico. Es necesario elaborar principios integrados de motivación, agrupamiento, aprendizaje y decisión en distintos ámbitos de la actividad humana. No sólo debemos estudiar más el comportamiento empresarial en el terreno, sino que también nos hace falta más y mejores teorías.

Teoría Individualista que organiza la sociedad bajo los postulados naturalistas de la autonomía de la voluntad y del contrato libre. Ahora bien, el derecho del cual nace tal relación contractual Hombre, sociedad y trabajador, Institución Corporativa ha sido interpretada exclusivamente en términos socio-jurídicos, dando por entendido que todo contrato está sujeto tanto en su contenido, duración, características y obligaciones a lo estipulado por las partes, que genera normas civiles, laborales y constitucionales complementarias y explícitas según las cuales todo contrato legalmente celebrado es una Ley para los contratantes, y no puede ser invalidado sino por su consentimiento mutuo o por causas legales.

La Teoría organizacional de la empresa que, aunque tiene diferentes procedencias intelectuales puede tener características comunes, tales como: (a) se define a la empresa como una pauta compleja de relaciones personales y no como una estructura dentro de la cual se desempeñan los actores (b) Se reemplaza la racionalidad estricta por una racionalidad calificada y (c) se plantea la empresa como una organización socio-económica homeostática con la meta subyacente de sobrevivir.

La Teorías del Comportamiento Empresario, todo lo cual está en concordancia con el supuesto esencial de tener una teoría organizacional del Comportamiento Humano que puede segmentarse en dos amplios contenidos: La Teoría de la viabilidad de las organizaciones y el equilibrio incentivo contribución que mantiene tal viabilidad.

Las interrogantes sobre la racionalidad y el comportamiento desde el ángulo de la toma de decisiones, cuyos antecedentes y cimientos no son otros que el aporte del pensamiento clásico.

La Teoría Organizacional de la Burocracia racionalista en Max Weber; una visión estructural funcionalista que ha sido calificada por sus críticos como "disfuncional organizacional", la presenta la organización como una totalidad dinámica que cambia constantemente por presión internas y externas pero en la que los individuos se niegan a ser tratados como medios o instrumentos para fines racionales económicos, pero es un hecho que los individuos suelen resistirse a la despersonalización, a rebasar los límites de sus roles segmentarios y a participar como entes totales.

La Teoría de los Grupos Pequeños muy relacionada con la Teoría Organizacional ha sido estudiada con mucho juicio por Kurt Lewin: dinámica grupal; J. L. Moreno: estructura del grupo y muy particularmente por Golembiewski, "The small group..." quien la describe así: se ha comprobado que el concepto de grupo pequeño es útil y relevante para el estudio del comportamiento implica una unidad social, un sistema sustancial y debe ser analizado por su tipicidad, magnitud y multiplicidad de este tipo de organizaciones sociales, económicas, productivas.

La Teoría del Equilibrio y la Viabilidad es en su raíz: ontológica motivacional y sus hipótesis centrales, planteadas por Barnard – Simon, son:

1. La organización es el resultado de inter-acciones y comportamientos de los individuos participantes en ella.

2. Los participantes -individual y grupalmente son objeto de incentivos en contraprestación de sus contribuciones al ente.

3. Los participantes esperan y actúan en base a la reciprocidad contribución V.S. incentivos.

4. Las contribuciones Know How son la fuente de vida grupal-organizacional y base de los incentivos.

5. La supervivencia-económica, empresarial, social depende de la contribución individual.

La Teoría del Rol (H. Leibenstein) explica la toma de decisiones racionales y es resultado del principio de la "División del Trabajo" ya que esta es consecuencia del rol asignado a cada individuo organizacionalmente.

La distinción teórica entre las teorías de la "Satisfacción" y la "Maximización" aparentemente ha sido resuelto por H. Simon al expresar que "la Teoría Administrativa es, de una manera peculiar, la teoría de la racionalidad intentada y circunscrita: del comportamiento de seres humanos que se dan por satisfechos porque no son lo bastante ingeniosos como para maximizar "y es aparente porque la ingeniosidad del talento humano depende no sólo de las cualidades humanas sino de la comprensión, adaptabilidad y elástica racionalidad organizacional.

La Teoría del "conflicto organizacional" depende de muchas variables económicas, políticas, sociales, pero de una en particular: la cultural que toca el ámbito psico-sociológico de cada organización en sí misma y de toda organización en general, en cuanto a su visión, misión, objetivos y metas, del método laboral-social: descentralizado, desconcentrado, participativo, democrático, del tipo de autoridad y jerarquía y de la forma como se ejerce. La resolución de los conflictos organizacionales debe comenzar por el Diagnóstico objetivo y científico de las causas que lo originan y las consecuencias y efectos que genera y debe tener una secuencia lógica en el Pronóstico y la formulación de políticas construidas inteligentemente y de buena fe por los actores organizacionales.

1.1.2 Importancia de las organizaciones

En toda acción que llevamos a cabo tenemos un punto de partida, que puede ser considerado como la hipótesis de una problemática, teniendo posteriormente un Método que consiste en el procedimiento o el conjunto de acciones que se llevan a cabo para demostrar o refutar este punto de partida, y un Objetivo que presenta la llegada a una Conclusión en particular.

Esta forma de trabajar y de poder desenvolvernos en toda actividad social es una forma de Organización, siendo importante la aplicación de una estructura para poder llegar en forma ordenada y no aleatoria a un objetivo, si bien no se descarta la compañía de la suerte, no debemos depender exclusivamente de ella, sobre todo si buscamos repetir la experiencia o que otros puedan realizarla.

Recientes tendencias en la administración reconocen la importancia de los recursos humanos; en su mayor parte, los nuevos enfoques están diseñados para delegar facultades de decisión a los empleados y les ofrecen mayores oportunidades de aprender y contribuir a la organización mientras trabajan en el logro de metas comunes. Los administradores estructuran y coordinan deliberadamente los recursos organizacionales para alcanzar el propósito de la organización.

Sin embargo, aunque el trabajo puede estructurarse en departamentos o en conjuntos de actividades separadas, la mayor parte de las organizaciones actuales luchan por alcanzar una mayor coordinación horizontal de las actividades de trabajo, con frecuencia empleando equipos de personas de diferentes áreas funcionales para que trabajen juntas en proyectos. Los límites entre departamentos y entre organizaciones se están volviendo más flexibles y difusos, en la medida en que las compañías enfrentan la necesidad de responder con más rapidez a cambios en el ambiente externo.

Una organización no puede existir sin interactuar con los clientes, proveedores, competidores y con otros elementos del ambiente externo. Hoy día incluso algunas compañías cooperan con sus competidores y comparten información y tecnología para provecho mutuo.

Importancia de la organización

• Es de carácter continuo (expresión, contracción, nuevos productos).

• Es un medio que establece la mejor manera de alcanzar los objetivos.

• Suministra los métodos para que se puedan desempeñar las actividades eficientemente, con el mínimo de esfuerzo.

• Evita lentitud e ineficiencia.

• Reduce o elimina la duplicidad de esfuerzos, al determinar las funciones y responsabilidades.

• La estructura debe reflejar los objetivos y los planes de la empresa, la autoridad y su ambiente.

1.1.3 Clasificación de las organizaciones

Existen organizaciones que son grandes corporaciones multinacionales. Otras son pequeñas propiedades de tipo familiar. Algunas producen manufacturas, como automóviles y computadoras, y otras proveen servicios como representación legal, bancos o servicios médicos. Otra importante distinción se presenta entra las compañías que producen ganancias y las que no. Hay muchas diferencias que debemos tomar en cuenta. La principal diferencia es que los administradores de negocios solo piensan en hacer dinero para la compañía, mientras que los administradores que no buscan ganancias financieras dirigen sus esfuerzos en generar un impacto social.

Las características únicas y las necesidades de las organizaciones sin interés de ganancias económicas crearon retos únicos a los líderes de las organizaciones que buscan ganancias. Los recursos financieros de las organizaciones no lucrativas son subsidios o donaciones que provienen generalmente del gobierno en lugar de llegar por la venta de productos o servicios.

En los negocios, los administradores se enfocan en mejorar los productos y los servicios de la organización y aumentar las ventas y ganancias. Por otro lado, en las organizaciones que no buscan ganancias los servicios se proveen a clientes sin costo alguno, y el problema mayor para algunas organizaciones como éstas es asegurar una entrada de fondos continua para seguir operando.

Los administradores de estas organizaciones están dedicados a servir a los clientes con fondos limitados y deben enfocarse en conservar los costos lo más bajo posible y demostrar un uso altamente eficiente de sus recursos. Los administradores en las organizaciones que no buscan ganancias también tratan con diversos tipos de inversionistas y deben poner en el mercado sus servicios para atraer no solo clientes, sino también a voluntarios y donadores.

Tabla 1: Clasificación de las organizaciones.

Concepto	Características del concepto	Descripción del concepto	PROPUESTO POR:
Tamaño	Número de empleados, territorios que abarca, cantidad de sedes, otras.	Ordena los diferentes tipos de organizaciones según el volumen o cantidad de la característica seleccionada. Normalmente se escoge solo una de éstas.	Hernández y Rodríguez (2011) Hellriegel, Jackson y Slocum (2009, pág 6) Koontz, Weihrich y Cannice (2012, pág 4).
Origen de sus recursos	Pública: Su fin es satisfacer necesidades de carácter social y proporcionar servicios a la comunidad y su capital proviene del Estado Privada: Su fin es obtener utilidades y su capital es propiedad de inversionistas	Clasifica las organizaciones según la procedencia de sus recursos. Pueden ser públicos, privados o de origen mixto.	Hernández y Rodríguez (2011) Hellriegel, Jackson y Slocum (2009, pág 6) Koontz, Weihrich y Cannice (2012, pág 4).
Actividad económica	Industrial Comercial De servicios	Tiende a clasificar las organizaciones exclusivamente como empresas. Por tal motivo discrimina las organizaciones según la actividad económica a la que se dedican.	Hernández y Rodríguez (2011) Hellriegel, Jackson y Slocum (2009, pág 6) Koontz, Weihrich y Cannice (2012, pág 4).
Filosofía y valores	Lucrativas No lucrativas	Una clasificación "más universal", crea dos grandes categorías según las características del concepto, en las cuales agrupa a las organizaciones dependiendo su finalidad.	Bernal Torres (2007, pág 24)
Grado de Tecnificación	Tradicional Artesanal De alta o mediana tecnología	Normalmente clasifica a las organizaciones con base en el nivel y el tipo de tecnología que utiliza, sin tener en cuenta algún otro criterio.	Münch (2010, pág 189).
Régimen Jurídico	Comandita, Ltda, S.A.S. otras.	Clasifica según los diferentes ordenamientos jurídicos de cada región o país.	Moyano et al (2011, pág 3).

1.1.4 La organización como sistema.

Fundamentación Moderna de la Teoría Organizacional

Esta fundamentación se basa en la aplicación a la Administración de la Teoría de los sistemas, visualizando a la organización como un sistema compuesto, en el cual cada uno de sus elementos genera una sinergia usando eficientemente los recursos. Las organizaciones deben generar mecanismos de análisis y procesamiento de información lo cual les permita obtener información y evaluar de manera sistema las alternativas o escenarios de decisión para la toma de decisiones.

En la actualidad, las innovaciones son parte del día a día. Por este hecho, todo tipo de organizaciones u empresas que deseen ser exitosas deben estar en un proceso constante de cambio, que involucra a toda su estructura. Estas deben buscar obtener el mejor rendimiento en todos sus aspectos, para poder subsistir con la competencia además de la sociedad en la que se desarrolle. Desde que el hombre fue consiente de este hecho ha intentado crear directrices que le facilite todo el proceso de cambio, así se han creado teorías y modelos aplicables a la empresa en un momento dado que cumpla con sus expectativas y que sea adaptable a la misma. A continuación, detallaremos algunos de estos enfoques que permiten a la empresa evolucionar y sobrevivir a su entorno.

Una organización es una estructura en la que sus componentes trabajan conjuntamente para conformar un sistema en el que mediante el grupo social se desarrollen de manera efectiva y coordinada los objetivos de la misma. Todos sus elementos están dirigidos a lograr el mismo objetivo, interactuando de forma tal que se logre una relación reciproca entre ellos.

Un hecho significativo en el estudio de las organizaciones fue llegar a la distinción entre sistemas cerrados y abiertos. Un sistema cerrado no dependerá de su ambiente; será autónomo, encerrado en sí mismo y sellado ante el mundo exterior. Aunque no puede existir un sistema verdaderamente cerrado, los primeros estudios de organización se enfocaban en ellos. "Los primeros conceptos de administración, incluyendo la administración científica, el estilo de liderazgo y la ingeniería industrial, eran enfoques de sistema cerrado porque daban por supuesto al ambiente exterior y suponían que la organización podía convertirse en más efectiva mediante el diseño interno".

La administración de un sistema cerrado sería bastante fácil. El ambiente sería estable y predecible, y no intervendría para causar problemas. El tema principal de la administración seria llevar las cosas con eficiencia. Un sistema abierto debe interactuar con el ambiente para sobrevivir; consume recursos y exporta recursos al ambiente. No puede sellarse ni aislarse. Debe cambiar y adaptarse al ambiente en forma continua. Los sistemas abiertos pueden ser enormemente complejos.

La eficiencia interna es apenas uno de los aspectos, y algunas veces un aspecto bastante menor. "La organización tiene que encontrar y obtener los recursos necesarios, interpretar y actuar sobre los cambios ambientales, deshacerse de la producción, y controlar y coordinar las actividades internas a la luz de las turbulencias e incertidumbres ambientales". Todo sistema que deba interactuar con el ambiente para sobrevivir, es un sistema abierto. El ser humano es un sistema abierto.

Los cambios rápidos de las recientes décadas pasadas, incluyendo la globalización y más competencia, la explosión de la internet y los negocios electrónicos, y la creciente diversidad de la población y de la fuerza de trabajo han forzado a muchos administradores a reorientarse hacia una mentalidad de sistemas abiertos y a reconocer a sus negocios como parte de un todo muy complejo e interconectado.

Para comprender a la organización como un todo, hay que visualizarla como un sistema. "Un sistema es un conjunto de elementos interactuantes que adquiere insumos del ambiente, los transforma y descarga su producto en el ambiente externo". La necesidad de insumos y productos refleja su dependencia del ambiente. Los elementos interactuantes significan que la gente y los departamentos dependen uno de otro y deben trabajar conjuntamente.

Las entradas de un sistema de una organización incluyen a los empleados, materias primas y otros recursos físicos, información y recursos financieros.

El proceso de transformación modifica estas entradas en algo de valor que se puede exportar de regreso al ambiente. Las salidas incluyen productos específicos y servicios a clientes y consumidores. También pueden incluir la satisfacción del empleado, la contaminación y otros productos secundarios del proceso de transformación.

Un sistema está constituido por varios subsistemas, estos subsistemas desarrollan funciones específicas requeridas por la organización para sobrevivir, como la producción, la administración, el mantenimiento, la adaptación y la extensión de sus fronteras. Los subsistemas producen el servicio y el producto de la organización. Las barreras de los subsistemas son responsables por intercambios con el ambiente externo. Esto incluye actividades como la compra de materia prima o productos de mercado. El subsistema de mantenimiento preserva a la operación en armonía con los elementos humanos y físicos de la organización.

Los subsistemas adaptativos son responsables por los cambios de organización y adaptación. La administración es un subsistema distinto responsable de coordinar y dirigir los otros subsistemas de la organización.

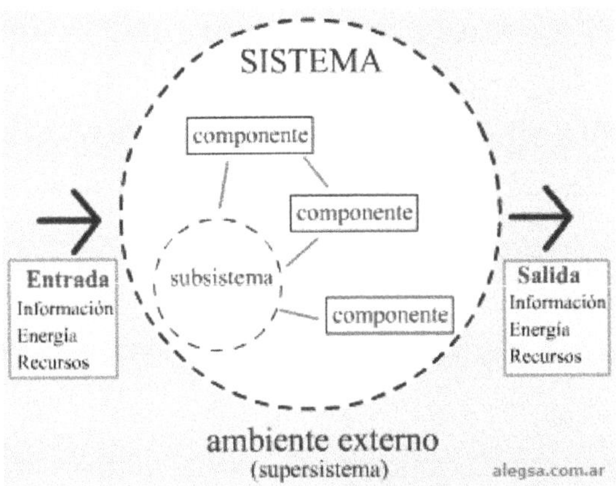

Fig. 1: La organización como sistema.

1.1.5 Clasificación de los sistemas

Sistemas Abiertos

Un sistema abierto puede entenderse como el conjunto de partes constantes interacción e interdependencia, construyendo un todo sinérgico, orientados hacia determinados propósitos y en permanente relación de interdependencia con el medio ambiente.

Fig. 2: La organización como sistema.

La organización como sistema abierto es aquel que está integrado por diversas partes o unidades relacionadas entre sí, que trabajan en armonía unas con las otras, con la finalidad de alcanzar una serie de objetivos, tanto de la organización como de sus participantes.

1. Comportamiento probabilístico y no-determinístico de las organizaciones: son sistemas abiertos afectados por cambios en sus ambientes, denominados variables externas. El ambiente es potencialmente sin fronteras e incluye variables desconocidas e incontroladas. Por otro lado, las consecuencias de los sistemas sociales son probabilísticas y no-determinísticas.

2. Las organizaciones como partes de una sociedad mayor y constituidas de partes menores: las organizaciones son vistas como sistemas dentro de sistemas. Los sistemas son "complejos de elementos colocados en interacción". Esa interacción entre los elementos produce un todo que no puede ser comprendido por la simple investigación de las diversas partes tomadas aisladamente.

3. Interdependencia de las partes: el sistema organizacional comparte con los sistemas biológicos la propiedad de una intensa interdependencia de sus partes, de modo que un cambio en una de ellas provoca un impacto sobre las otras. Una organización no es un sistema mecánico, en el cual una de las partes puede ser cambiada sin un efecto concomitante sobre las otras partes. Las interacciones internas y externas del sistema reflejan diferentes escalones de control y de autonomía.

4. Homestasis o "estado firme": La organización puede alcanzar un estado firme cuando se presentan dos requisitos: la unidireccionalidad y el progreso. Dados estos dos requisitos, la tarea de la administración es gobernada por la necesidad de combinar constantemente las capacidades actuales y potenciales de la empresa con los requisitos actuales y potenciales del ambiente. Sólo de esa manera se puede habilitar la empresa para alcanzar un "estado firme".

5. Fronteras o límites: Es la línea que sirve para demarcar lo que está dentro y lo que está fuera del sistema. No siempre la frontera de un sistema existe físicamente. Una definición operacional de frontera, por ejemplo, consiste en una línea cerrada alrededor de variables seleccionadas entre aquellas que tengan mayor intercambio (de energía, información, etc.) con el sistema. Las fronteras varían en cuanto al grado de permeabilidad. Las fronteras son líneas de demarcación que pueden dejar pasar mayor o menor intercambio con el ambiente.

6. Morfogénesis: El sistema organizacional, diferente de los otros sistemas mecánicos y aún de los sistemas biológicos, tiene la capacidad de modificar sus maneras estructurales básicas, esta es la propiedad morfogénica de las organizaciones, considerada por Buckey como su principal característica identificadora.

7.-Resistencia: Como sistemas abiertos, las organizaciones tienen capacidad de enfrentar y superar perturbaciones externas provocadas por la sociedad sin que desaparezca su potencial de auto organización.

Sistema cerrado

Tienen pocas entradas y salidas en relación con el ambiente externo, que son bien conocidas y guardan entre sí una razón de causa y efecto: a una entrada determinada (causa) sigue una salida determinada (efecto).

Denominado también mecánico o determinista. Se puede decir que no existe un sistema totalmente cerrado, ni uno totalmente abierto. Todo sistema depende en alguna medida del ambiente.

Según la teoría estructuralista, Taylor, Fayol y Weber usaron el modelo racional, enfocando las organizaciones como un sistema cerrado. Los sistemas son cerrados cuando están aislados de variables externas y cuando son determinísticos en lugar de probabilísticos.

Un sistema determinístico es aquel en que un cambio específico en una de sus variables producirá un resultado particular con certeza. Así, el sistema requiere que todas sus variables sean conocidas y controlables o previsibles. Según Fayol la eficiencia organizacional siempre prevalecerá si las variables organizacionales son controladas dentro de ciertos límites conocidos.

La teoría clásica estudia la organización como si fuera un sistema cerrado, compuesto de algunas pocas variables perfectamente conocidas y previsibles, y de algunos aspectos que pueden ser manejados mediante principios generales y universales de administración. Sin embargo, Wadia destaca que, a pesar de todas las críticas, la teoría clásica en el desafiante campo de la administración, permite un enfoque sistemático.

1.1.6 Comportamiento organizacional

El comportamiento organizacional se refiere al estudio de las personas y los grupos que actúan en las organizaciones. Se ocupa de la influencia que todos ellos ejercen en las organizaciones y de la influencia que las organizaciones ejercen en ellos. En otras palabras, el comportamiento organizacional (CO) retrata la continua interacción y la influencia recíproca entre las personas y las organizaciones. Es un importante campo de conocimiento para toda persona que deba tratar con organizaciones, ya sea para crear otras o cambiar las existentes, para trabajar o invertir en ellas o, lo más importante, para dirigirlas.

El CO es una disciplina académica que surgió como un conjunto interdisciplinario de conocimientos para estudiar el comportamiento humano en las organizaciones. Aunque la definición ha permanecido, en realidad, las organizaciones no son las que muestran determinados comportamientos, sino las personas y los grupos que participan y actúan en ellas.

El CO se refiere a las acciones de las personas que trabajan en las organizaciones. Se basa, sobre todo, en aportaciones de la psicología y es un campo que trata sobre el comportamiento de los individuos, es decir, temas como personalidad, actitudes, percepción, aprendizaje y motivación.

El CO también se relaciona con el comportamiento de los grupos, es decir, incluye temas como normas, funciones, formación de equipos y manejo de conflictos. En este sentido, se basa en las aportaciones de sociólogos y de psicólogos sociales. Sin embargo, el comportamiento de un grupo de personas no se puede comprender únicamente como la suma de las acciones de los individuos.

El comportamiento del grupo es diferente al de cada uno de sus integrantes. Esta característica resulta más visible en casos extremos, por ejemplo, cuando una pandilla ataca a ciudadanos inocentes.

Cuando actúan solos, los miembros de la pandilla rara vez muestran ese comportamiento. En las organizaciones, las personas se comportan como individuos y también como miembros de grupos. Por tanto, debemos estudiar la conducta desde ambos ángulos. Uno de los desafíos para comprender el CO es que éste sólo puede observarse en forma parcial. Tiene algunos aspectos superficiales visibles, como las estrategias de la organización, la definición de sus objetivos globales, las políticas y los procedimientos adoptados, la estructura de organización, la autoridad formal y la cadena de mando, así como la tecnología que utiliza. Todos estos aspectos superficiales del CO pueden observarse sin dificultad.

1.1.7 Cultura y ambiente organizacional

La cultura organizacional, es el conjunto de creencias y valores compartidos, en mayor o menor medida, por sus miembros. La cultura constituye el estilo propio de pensar, sentir y reaccionar ante los problemas, que comparten los miembros de una organización y que se transmite a los que van entrando a lo largo del tiempo. En este sentido, la cultura es el factor diferenciador entre organizaciones, pues cada una va desarrollando su propio estilo acorde con su historia.

Las empresas, franquicias o negocios, sin importar el tamaño del que sean, tienen una Cultura y un Clima Organizacional propios. Esto se logra cuando se cuenta con una serie de significados comunes, donde la personalidad de cada colaborador les caracteriza y diferencia de otras empresas, determinando cierta influencia que la cultura de la organización ejerce en los miembros de la misma. Cuando la empresa consigue consolidar sus patrones culturales, asume una vida propia.

La Cultura Organizacional se relaciona con las normas escritas y no escritas de una empresa, las cuales deben seguir los colaboradores para "funcionar" correctamente dentro de la empresa. Ésta puede incluir: los planes estratégicos (visión, misión, objetivos entre otros) y aspectos de tipo administrativo y de recursos humanos, por ejemplo, procedimientos para capacitación, tomar vacaciones, ausencias, entre otras.

Algunas personas dicen "todos quieren ser parte de las organizaciones importantes y exitosas". Para ingresar a este tipo de empresas hay miles de solicitudes. Incluso hay personas que esperaron años, pacientemente, para ingresar a la empresa de su predilección por el simple hecho de "pertenecer" a esa cultura.

La Cultura de una Organización es la consecuencia de las costumbres, tradiciones, procedimientos y sistemas con los cuales opera y funciona. En el caso de una Pyme, es el emprendedor que la crea quien le imprime su carácter a la organización desde que inicia actividades. El creador de una Pyme tiene ideas claras de lo que quiere, y seleccionará a las personas que le acompañarán en su aventura, a quienes cree que comulgarán con sus ideas.

Por su parte, el Clima Organizacional es la atmósfera dentro de la compañía "lo que se respira en ella" y tiene que ver con el conjunto de sentimientos y emociones favorables y desfavorables que perciben los empleados sobre su lugar de trabajo, la toma de decisiones, las relaciones interpersonales, la comunicación informal, entre otros.

Podemos afirmar que el Clima Organizacional repercute en una mayor calidad en la vida de su personal y, como consecuencia, se reflejará en sus productos y servicios. De allí que se diga que las percepciones sobre el clima organizacional son un elemento clave del comportamiento de los individuos en las organizaciones.

El reto que enfrentamos al intentar hacer mejoras en una organización, es modificar una cultura arraigada, de manera que se ajuste a las nuevas circunstancias comerciales o tecnológicas. Ya que, de lo contrario, esta misma cultura puede ser una carga para la empresa que pretende adaptarse a los cambios del mercado y de ambientes laborales.

Por ello, se recomienda innovar constantemente, para mejorar día con día la Cultura Laboral y será en parte más sencillo para los colaboradores acoplarse al cambio. Una vez entendido esto, podemos darle los matices necesarios para establecer el Clima Organizacional a nuestra empresa, de manera en la cual todos ganemos si aportamos actitud, respeto y buena voluntad para hacer el ambiente ideal en donde trabajamos.

1.1.8 Responsabilidad social y ética de las organizaciones

La ética es el conjunto de principios morales o valores que definen lo que es correcto o incorrecto para una persona o grupo, o incluso para una organización. Cuando los miembros aceptan sujetarse a tales principios y valores, se considera que su comportamiento es ético. Asimismo, la organización fomenta que sus miembros observen un comportamiento ético con el propósito de que sirvan de ejemplo para las demás organizaciones. En contraparte, el comportamiento no ético se presenta cuando las personas violan los principios que han sido aceptados como correctos y adecuados para la actividad de la organización.

En términos generales, la ética se ocupa del buen comportamiento, es decir, de la obligación de considerar no sólo el bienestar personal propio, sino también el de otras personas. Como dice la vieja regla de oro: no hagas a otros lo que no quieres que otros te hagan. En el mundo de los negocios, la ética influye en el proceso corporativo de toma de decisiones, determina cuáles son los valores que afectan a los diversos grupos de interés y sirve para establecer la forma en que los directores pueden utilizar tales valores en la administración diaria de la organización. Así, la ética en las organizaciones constituye un elemento catalizador de las acciones socialmente responsables que éstas realizan por medio de sus grupos de interés y directivos.

Los ejecutivos éticos alcanzan el éxito mediante prácticas administrativas que se caracterizan por la equidad y la justicia. Las organizaciones que no son éticas tampoco pueden ser competitivas en el ámbito nacional ni en el internacional. A fi n de cuentas, la ética y la competitividad son inseparables. Ninguna sociedad puede scr competitiva y exitosa a largo plazo si tiene personas que tratan de engañar o aprovecharse de otras, si todas las acciones requieren confirmación de la gerencia porque no se confía en los demás, si cada pequeña disputa acaba en un litigio en los tribunales y si el escaso conocimiento de las leyes reguladoras dificulta que los negocios sean honestos. Además, la aplicación de prácticas éticas no está necesariamente ligada a la rentabilidad financiera.

Así, el conflicto entre las prácticas éticas y la importancia que se otorga a las ganancias es inevitable. Todo sistema de competencia se basa en valores de confianza y justicia. La aplicación de las normas éticas en los negocios mejora la salud de la organización en tres aspectos:

1. La productividad. Los trabajadores de una organización son afectados por las prácticas administrativas. Cuando la administración actúa con ética ante sus grupos de interés, los trabajadores resultan beneficiados directamente. Cuando una organización hace un esfuerzo especial por asegurar la salud y el bienestar de los trabajadores o cuando crea programas para ayudar a los que tienen problemas financieros o legales, contribuye a lograr mayor productividad.

2. Beneficios para grupos externos de interés, como los proveedores y los clientes. Una imagen pública positiva puede atraer a consumidores, que ven a la organización como algo favorable o deseable. Johnson & Johnson, fabricante de productos para bebés, cuida mucho su imagen pública mediante una campaña que coloca la salud y el bienestar del consumidor por encima de las ganancias.

3. Reducción de la normatividad gubernamental. Cuando se confía en que las organizaciones actúan en forma ética, la sociedad deja de presionar para que se refuercen las exigencias legales o para promulgar leyes que regulen los negocios de manera más estricta.

Factores que influyen en las decisiones éticas

La ética influye en todas las decisiones que se toman dentro de la organización. Sin embargo, no todos los grupos de interés aplican la ética de la misma forma. Existen tres factores que influyen en las decisiones éticas de una organización: la intensidad ética de la decisión, el desarrollo moral y los principios aplicados para resolver el problema. Veamos cada uno de esos factores.

1. Intensidad ética: se refiere al grado de preocupación que las personas tienen respecto a algún asunto. Cada decisión está sujeta a una intensidad ética; ésta es alta cuando las decisiones son integrales y precisas, tienen consecuencias inmediatas y, en términos físicos y psicológicos, son cercanas a las personas afectadas por ellas. Muchas decisiones corporativas son más bien adecuadas en términos económicos, porque su intención es hacer cosas precisas.

2. Desarrollo moral: las decisiones éticas dependen del nivel de desarrollo moral que haya alcanzado la organización o la persona.

3. Definición de principios éticos: muchas organizaciones definen principios éticos que sirven para guiar el comportamiento de sus grupos de interés. Tales principios son los fundamentos del comportamiento ético y orientan la conducta de la organización.

Los tres factores que influyen en las decisiones éticas (la intensidad ética de la decisión, el desarrollo moral y la definición de los principios éticos para manejar los negocios y enfrentar problemas) son indispensables para comprender la conducta ética de las organizaciones.

Código de ética

Muchas organizaciones tienen un código de ética para guiar el comportamiento de sus grupos de interés. Se trata de una declaración formal que orienta la toma de decisiones y la conducta en una organización. Empero, para que el código fomente decisiones y comportamientos éticos entre las personas deben cumplirse dos requisitos: primero, la organización debe dar a conocer el código de ética a todos sus grupos de interés, tanto internos como externos, y segundo, la organización debe asegurarse continuamente de que sus participantes observen un comportamiento ético, ya sea con una actitud de respeto a los valores básicos o en prácticas específicas de negocios.

Las organizaciones exitosas definen sus valores y están constantemente preocupadas por capacitar a su personal para tomar decisiones éticas. Los principales objetivos de la capacitación en ética son:

1. Concientizar a las personas sobre la ética: es decir, ayudarlas a reconocer conflictos para evitar que racionalicen el comportamiento carente de ética. Citicorp creó un juego llamado "el trabajo ético", en el cual los jugadores ganan o pierden puntos de acuerdo con sus respuestas sobre cuestiones legales, normativas, juicios de opinión y otras relacionadas con las políticas de la empresa.

2. Obtener la credibilidad de las personas: en vez de enseñar conceptos, muchas organizaciones presentan situaciones reales para enseñar comportamientos.

3. Enseñar a las personas un modelo ético para la toma de decisiones, es decir, un modelo simple que ayude a las personas a pensar en las consecuencias de sus elecciones.

Responsabilidad social de las organizaciones.

Hace algún tiempo, las organizaciones se orientaban exclusivamente a sus asuntos internos. Poco a poco comenzaron a ver hacia el exterior, a su entorno de negocios. La atención que las organizaciones prestan a la responsabilidad social ha aumentado sustancialmente en años recientes y, sin duda, esta tendencia se fortalecerá.

La responsabilidad social se refiere a las obligaciones que asume una organización para preservar o incrementar el bienestar de la sociedad al mismo tiempo que trata de satisfacer sus propios intereses. La responsabilidad social obliga a la organización a adoptar políticas, tomar decisiones y emprender acciones de beneficio colectivo. En otras palabras, es un compromiso administrativo que aceptan los directivos para actuar en bien de la sociedad y de la organización simultáneamente. Una organización que asume su responsabilidad social es aquella que cumple las siguientes obligaciones:

• Incluye objetivos sociales en sus procesos de planeación.

• Aplica en sus programas sociales normas comparables a las de otras organizaciones.

• Presenta informes a los miembros de la organización y a sus grupos de interés sobre los avances de su responsabilidad social.

• Experimenta con distintos enfoques para medir su desempeño social.

• Trata de medir los costos de los programas sociales y el rendimiento de las inversiones en programas sociales.

Davis presenta un modelo de responsabilidad social corporativa basado en cinco supuestos, que busca aclarar por qué y de qué manera las organizaciones deben asumir la obligación de realizar acciones que protejan y mejoren el bienestar de la sociedad y de la organización:

1. La responsabilidad social surge del poder social. Toda organización tiene una influencia o un poder importan te sobre la sociedad, y ésta debe exigir condiciones que correspondan con el ejercicio de ese poder.

2. Las organizaciones deben operar en un sistema abierto de doble vía, con recepción abierta de insumos de la sociedad y realización de operaciones abierta al público. Los representantes de la sociedad deben escuchar las propuestas de las organizaciones para mantener o mejorar el bienestar general y sus informes sobre el cumplimiento de responsabilidades sociales. La comunicación entre representantes de las organizaciones y de la sociedad debe ser abierta y honesta.

3. Los costos y los beneficios sociales de una actividad, producto o servicio deben ser calculados y tomados en cuenta con antelación. La viabilidad técnica y la ganancia económica no son los únicos factores que deben considerarse en las decisiones de las organizaciones. Éstas deben incluir las consecuencias de todas las actividades de los negocios a corto y largo plazos.

4. Los costos sociales relacionados con cada actividad, producto o servicio se deben trasladar al consumidor. Los negocios no deben ser financiados sólo por la organización. El costo que genera a los negocios realizar actividades socialmente deseables debe trasladarse al consumidor por medio de precios más elevados de los bienes o servicios relacionados con las actividades de beneficio social.

5. Como ciudadanas, las organizaciones de negocios deben involucrarse en la solución de ciertos problemas sociales que están fuera de sus áreas normales de operación. Toda organización que cuente con experiencia para resolver un problema social con el cual no está directamente relacionada debe ser suficientemente responsable para ayudar a la comunidad a resolverlo.

Los principales argumentos para realizar actividades de responsabilidad social son los siguientes:

1. El mayor interés de la organización es promover y mejorar las comunidades donde hace negocios.

2. Las acciones sociales y las acciones éticas pueden ser rentables.

3. La responsabilidad social mejora la imagen pública de la organización.

4. La responsabilidad social aumenta la viabilidad de los negocios. Los negocios existen porque proporcionan beneficios sociales.

5. Las organizaciones deben subsanar cuanto antes sus propias omisiones para evitar o anticiparse a la regulación gubernamental y a otras formas de intervención externa.

6. No pueden definirse leyes para todas las circunstancias. Las organizaciones deben asumir su responsabilidad para mantener una sociedad ordenada, justa y legal.

7. Las normas socioculturales exigen responsabilidad social.

8. La responsabilidad social es importante para todos los grupos de interés de la organización, no sólo para algunos.

9. La sociedad debe ofrecer a las organizaciones la oportunidad de resolver problemas sociales que el gobierno no pueda atender.

10. Como las organizaciones están dotadas de recursos financieros y humanos, son las instituciones más adecuadas para resolver problemas sociales.

11. Prevenir problemas es mejor que resolverlos. Muchas organizaciones se anticipan a ciertos conflictos antes de que crezcan.

Enfoques sobre la responsabilidad social

Toda organización produce alguna repercusión en su entorno. Estos efectos pueden ser positivos si las decisiones y acciones de la organización benefician al entorno, o pueden ser negativas si la organización causa problemas o perjuicios al ambiente. Recientemente las organizaciones han empezado a preocuparse más por sus obligaciones sociales.

Este creciente interés no fue espontáneo, sino provocado por movimientos ecologistas y de defensa del consumidor, que se enfocan en la relación entre las organizaciones y la sociedad. Esta preocupación dio lugar a dos posiciones antagónicas, una de las cuales favorece la responsabilidad social. ¿A quién debe rendir cuentas la organización? ¿Exclusivamente a sus propietarios y accionistas (share holders) o a todos sus grupos de interés (stakeholders)? Existen dos perspectivas sobre este punto: el modelo de los accionistas y el modelo de los grupos de interés.

Vale la pena analizar los argumentos de ambas posturas.

1• Posición contraria a la responsabilidad social de las organizaciones. Es el modelo de los accionistas, que se preocupa básicamente por aumentar las ganancias al máximo posible, es decir, por satisfacer a los propietarios o accionistas de la organización.

Al maximizar las ganancias, la organización incrementa la riqueza y la satisfacción de los propietarios y los accionistas, que son personas o grupos que tienen intereses legítimos en la organización.

A medida que las ganancias crecen, las acciones de la organización aumentan de valor y, en consecuencia, también aumenta la riqueza de los propietarios y los accionistas. Ésta es la posición de los ejecutivos de finanzas de la mayoría de las organizaciones.

La tarea de la organización es aumentar las ganancias del accionista o propietario por medio del buen uso de los recursos de la organización. Así, la organización no debe asumir una responsabilidad social directa. Esta tesis es criticada fuertemente porque omite la justicia social. En opinión de los partidarios de esta posición, la empresa sólo debe tratar de aumentar al máximo posible sus ganancias y sujetarse a las reglas de la sociedad.

La organización lucrativa beneficia a la sociedad cuando crea empleos, paga salarios justos que mejoran la vida de los trabajadores y mejora las condiciones de trabajo, además de que contribuye al bienestar público porque paga impuestos y ofrece productos y servicios a los clientes. La organización que concentra sus recursos en sus propias actividades y no en acciones sociales utiliza sus activos con más eficiencia y eficacia y aumenta su competitividad.

2. Posición a favor de la responsabilidad social de las organizaciones. El modelo de los grupos de interés subraya que la mayor responsabilidad de la organización es garantizar la supervivencia a largo plazo (no sólo maximizar las ganancias) satisfaciendo los intereses de los múltiples grupos de interés (no sólo de los propietarios o accionistas). Se trata de un movimiento que postula la responsabilidad social de las organizaciones y sostiene que ésta va de la mano con el poder social. Como la empresa es el principal poder del mundo contemporáneo, tiene la obligación de asumir una responsabilidad social que corresponda con esa condición.

La sociedad otorga poder a las empresas y debe llamarlas a rendir cuentas por el uso de ese poder. En opinión de los defensores de esta posición, la organización debe estar atenta a los problemas de la comunidad y hacer un esfuerzo de responsabilidad social. Ser socialmente responsable tiene un costo, pero es legítimo que las organizaciones lo trasladen a los consumidores en forma de aumentos de precios. Algunos defensores de esta posición van más allá y dicen que la organización tiene la obligación de ayudar a resolver problemas sociales en los cuales no está directamente involucrada, en aras del bien común, pues cuando la sociedad mejora la organización se beneficia. A pesar de las divergencias en cuanto al grado deseable de compromiso con la comunidad, existe total coincidencia en que la organización debe realizar, por lo menos, todas las acciones de responsabilidad social que exigen las leyes. No obstante, las organizaciones se involucran cada vez más.

1.1.9 Áreas funcionales en las organizaciones

Las áreas funcionales son las actividades en las cuales se subdivide el trabajo propio de una empresa con el propósito de alcanzar sus objetivos. Las funciones básicas de una empresa son:

• Técnicas. Atienden la producción de bienes o servicios de la empresa.

• Comerciales. Se vinculan con la compra, venta o intercambio.

• Financieras. Se relacionan con la búsqueda y gerencia de capitales.

• De seguridad. Se enfocan a la protección y preservación de los bienes.

• Contables. Se ocupan de los inventarios, registros, balances, costos y estadísticas.

• Administrativas. Están vinculadas con la integración de las cinco funciones anteriores, a las que coordinan y sincronizan.

Producción generalidades.

Se encarga de elaborar productos, mediante la coordinación de materiales, equipo, instalaciones y mano de obra. Abarca desde la llegada de la materia prima hasta la culminación del bien o producto: capta necesidades y selecciona proveedores, dirige compra y abastecimiento, y controla inventario.

Funciones

• Ingeniería del producto

• Ingeniería de la planta

• Ingeniería industrial

• Planeación y control de la producción

• Abastecimientos

• Fabricación

• Control de la calidad

Finanzas generalidades.

Obtiene y distribuye los recursos monetarios. Maneja todo el dinero de la organización y busca conseguir mejores rendimientos (inversión, disponibilidad de efectivo, etc.).

Funciones.

• Financiamiento

• Contraloría

• Pago de obligaciones

Mercadotecnia generalidades.

Reúne información necesaria (nivel socioeconómico de las personas, gustos y preferencia del consumidor, competencia) respecto del mercado donde se pretende introducir el producto. También se encarga de todo el ciclo de ventas y distribución de los productos; su planeación, investigación de mercado, almacén, publicidad, distribuidores y colocación.

Funciones.

• Investigación del mercado

• Planeación y desarrollo del producto

• Precio

• Distribución

• Logística

• Administración de ventas

• Comunicación y estrategia

Personal generalidades

Concentra y selecciona a quienes posean las habilidades, conocimientos y experiencias necesarios para trabajar en la empresa lograr una buena plantilla, estable y motivada es el objetivo principal de esta área.

Funciones

• Contratación

• Capacitación y desarrollo

• Sueldos y salarios

• Relaciones laborales

• Servicios y prestaciones

• Higiene y seguridad

Unidad II: El ambiente externo. La organización y las relaciones ínter-organizacionales

2.1 El ambiente externo.

Para las empresas, es importante saber que hay más allá de sus procesos y administración interna, es decir fuera de sus muros, teniendo en mente un concepto de lo que se conoce comúnmente como el entorno organizacional. Las organizaciones están en constante cambio, tienen que saber adaptarse a estos, o simplemente no podrán seguir teniendo permanencia en el mercado y estarán destinadas a perecer.

Algo que es vital para las organizaciones, es el análisis de su ambiente externo, ya que es necesario para poder desarrollar estrategias de diferente índole, como podrían ser para la implementación de un nuevo producto, penetrar un nuevo mercado, darles una nueva forma a sus campañas de mercadotecnia, entre otras cosas. Con esto podrán visualizar diversos escenarios posibles, las dificultades y amenazas que hay en el ambiente, que pueden beneficiar o perjudicar a la organización.

Dentro del ambiente externo de las organizaciones, podemos encontrar el macroentorno y el microentorno, los cuales se describirán a continuación para poder comprender mejor como es que afecta y en que beneficia el que una organización analice estas situaciones. Una organización que está enterada de lo que ocurre tanto dentro como fuera de su entorno, estará mejor preparada para adaptarse a los cambios y tener bien respaldada cualquier decisión que realicen.

2.1.1 El concepto de ambiente externo de las organizaciones.

Ambiente Externo.

El conjunto de elementos, circunstancias o factores multimodales con las que interactúe, directa o indirectamente, ya sea virtual o real, con la empresa y dependiendo del contexto al que nos refiramos y que incluso en algunos casos podrán ser incontrolables.

Un proceso mediante el cual, la organización identificará y evaluará los factores fundamentales del entorno y pueda diferenciar entre los elementos que brinden oportunidades afectando positivamente a la empresa, y los elementos que amenacen o influyan negativamente a la misma.

Análisis del ambiente externo.

Si bien sabemos ya, que el conocimiento de lo que sucede en el exterior de la empresa es de vital importancia para garantizar el éxito de la misma, también será importante analizar los diferentes métodos que existen para obtener esa información que nos será de utilidad para la toma de decisiones que nos lleven a cumplir nuestros objetivos.

Para lo anterior, será necesario realizar un análisis que nos devuelva toda esa información relevante para nuestra toma de decisiones. Por lo tanto, consideraremos el análisis del medio ambiente externo como: Un proceso mediante el cual, la organización identificará y evaluará los factores fundamentales del entorno y pueda diferenciar entre los elementos que brinden oportunidades afectando positivamente a la empresa, y los elementos que amenacen o influyan negativamente a la misma.

Dada la naturaleza del análisis del ambiente externo de las empresas, este formará parte junto con el análisis interno de la empresa, del diagnóstico estratégico de la empresa.

Con el análisis del ambiente externo de las organizaciones, se busca que las empresas generen una cierta ventaja competitiva y para ello deben permanecer siempre vigilantes de los cambios que acontecen en su entorno.

Derivado de la necesidad y prontitud de la información, los análisis pueden presentarse de tres formas:

• Análisis Ad Hoc (Para esto): Son Análisis que se realizan a corto plazo y devuelven información específica de la búsqueda. Cualquier usuario es capaz de realizar el análisis sin tener conocimientos especializados de software o reportes.

Se presenta una amplia flexibilidad ante los formatos, consultas predefinidas y valores preseleccionados. Le otorga una mayor libertad a usuarios y analistas de información para realizar consultas dado que no presenta ningún tipo de restricciones o limitaciones.

Lo importante en este tipo de análisis es la velocidad de respuesta, así como la sencillez en la interfaz de usuario y la disponibilidad de acceso, dejando a un lado las características de presentación y resultado del análisis.

• Análisis Regular: Son los análisis que se realizan con planificación previa sobre una calendarización regular. Se aplica en periodos a mediano plazo como por ejemplo cada año.

• Análisis Continuo: Se presenta en un marco extenso de factores sobre el entorno donde se recogen variables de forma continua lo que permite a las empresas reaccionar a altas velocidades de cambio al detectar oportunidades o bien responder a las amenazas del entorno antes de que pudiera considerarse un daño significativo.

2.2 La influencia del entorno en las diferentes dimensiones de la organización.

Todo lo que hemos visto forma parte de lo que se suele llamar ambiente interno u organizacional, es decir, todo lo que ocurre dentro de una organización. En adelante analizaremos el entorno, es decir, todo lo que ocurre fuera de la organización pero que tiene una constante y marcada influencia en ella. En lo sucesivo, cuando hablemos del entorno nos estaremos refiriendo al ambiente externo que envuelve a la organización.

Las organizaciones no viven en el vacío ni son autosuficientes o autónomas. Para comprender mejor la dinámica de las organizaciones es necesario entender primero el ambiente o entorno en que viven y proliferan.

Una definición simple de entorno dice que es todo aquello que está fuera de una organización. Sin embargo, si se mira de fuera hacia dentro, podría decirse que el entorno es el contexto en el cual está inserta la organización. El entorno o contexto ambiental está formado por todas las fuerzas externas que influyen en las organizaciones y en su comportamiento. En este sentido, el entorno es inmenso, complejo, cambiante y desafiante, lo que genera incertidumbre en la organización, pero ello no se debe al entorno en sí mismo, sino a la percepción de las personas que dirigen las organizaciones o trabajan en ellas.

Desde un punto de vista más amplio, el entorno no está compuesto sólo por otras organizaciones, sino también por un conjunto de fuerzas y variables económicas, tecnológicas, culturales, legales, políticas y demográficas. Estos fenómenos del entorno son fuerzas que interactúan y producen efectos sistémicos que no siempre pueden pronosticarse. Esto explica la incertidumbre del entorno.

2.2.1 Entorno general o macroentorno

El entorno general o macroentorno es el contexto mayor dentro del cual se ubican las organizaciones. Está compuesto por las siguientes variables:

• Económicas: constituyen la estructura que determina el crecimiento o la contracción económica y condicionan el comportamiento de las organizaciones. La inflación, la balanza de pagos y la distribución del ingreso son aspectos económicos que influyen en las organizaciones.

• Tecnológicas: la tecnología, principalmente la informática, tiene una profunda influencia en las organizaciones y en su comportamiento. Las organizaciones deben adaptarse a las innovaciones tecnológicas que provienen del entorno general a fi n de seguir siendo competitivas.

• Culturales: la cultura de un pueblo penetra en las organizaciones por medio de las expectativas y maneras de pensar, actuar y sentir de sus participantes y clientes.

• Legales: se derivan de la legislación vigente, que afecta directa o indirectamente a las organizaciones al ayudarlas o imponerles restricciones o límites a sus operaciones. Las leyes de carácter comercial, civil, laboral, fiscal, etc., son elementos normativos para la vida de las organizaciones.

• Políticas: se derivan de los valores y de las decisiones políticas tomadas en los ámbitos federal, estatal y municipal. Estas variables influyen en las organizaciones al definir condiciones económicas y legales.

• Demográficas: se relacionan con la tasa de crecimiento, la población, la raza, la religión, la distribución geográfica y la distribución por sexo y edad, y determinan las características del mercado actual y futuro de las organizaciones.

2.2.2 Entorno específico o entorno de tarea

Desde un punto de vista más próximo e inmediato, cada organización se comporta dentro de un nicho específico del entorno, al cual llamamos entorno de tarea, y tiene además un entorno de tarea específico, que le proporciona las entradas y las salidas necesarias para su subsistencia y supervivencia. El entorno de tarea ofrece a la organización oportunidades y recursos, pero también le impone condiciones, contingencias, desafíos y amenazas.

El entorno específico, el segmento del entorno más próximo e inmediato de cada organización, también llamado el entorno de tarea o microentorno, es el contexto de las operaciones de la organización, del cual obtiene sus entradas y en el cual deposita sus salidas. Está compuesto por:

• Proveedores (entradas): proporcionan a la organización todo tipo de recursos para trabajar: recursos materiales (por medio de abastecedores de materias primas, que forman el mercado de proveedores), recursos financieros (por medio de proveedores que forman el mercado de capitales), recursos tecnológicos (por medio de proveedores de tecnologías), etc. Antes se incluían en esta categoría los recursos humanos (que se obtenían por medio de proveedores de talentos, los cuales formaban el mercado laboral), pero hoy son llamados grupos de interés o capital humano.

• Clientes, usuarios o consumidores: son los destinatarios (salidas). En términos modernos, los clientes condicionan el éxito de la organización, pues definen la calidad y la idoneidad de los productos o servicios que la organización ofrece al mercado. Si una organización conquista y conserva clientes tendrá éxito.

• Competidores: una organización no está sola ni existe en el vacío, sino que disputa con otras los mismos recursos (entradas) y a los mismos consumidores o usuarios (salidas). Es una competencia constante por insumos y clientes.

• Órganos reguladores: una organización está sujeta a la acción de varias organizaciones que tratan de regular o fiscalizar sus actividades. Entre ellas destacan los sindicatos, las asociaciones de profesionales, los órganos reguladores del gobierno, las organizaciones que protegen a los clientes, las organizaciones no gubernamentales, etcétera.

Muchas organizaciones, escuelas, hospitales y servicios públicos tratan a sus clientes, estudiantes, pacientes y ciudadanos en general como si ellos existieran para servirles y no al contrario. Además, muchos administradores saben menos sobre su entorno que sobre cualquier otro aspecto de su actividad. Cada organización debe evaluar continuamente su entorno, sobre todo el de tarea. Si bien el entorno general es común a todas las organizaciones, el de tarea es el escenario inmediato de las operaciones de cada organización en particular. Esto significa que los valores y las necesidades de la sociedad deben constituir las prioridades del administrador. Cuando una organización selecciona un producto o servicio y el mercado en el cual pretende colocarlo está definiendo su entorno de tarea. La organización establece o procura establecer su dominio en el entorno de tarea.

El dominio está determinado por las relaciones de poder o dependencia de una organización respecto de sus proveedores y consumidores o usuarios. La organización tiene poder sobre su entorno de tarea cuando sus decisiones afectan las decisiones de sus proveedores o consumidores. Por el contrario, la organización es dependiente de su entorno de tarea cuando sus decisiones dependen de las que toman sus proveedores o sus consumidores. En términos generales, las organizaciones procuran aumentar su poder y reducir su dependencia respecto de su entorno de tarea, así como establecer dominio sobre éste.

Ésa es la función de la estrategia de la organización, tema que trataremos más adelante. Comprender las fuerzas y los componentes del entorno es fundamental para el éxito de la organización. Sin embargo, esa comprensión no es objetiva y realista, sino predominantemente subjetiva, y por ello está sujeta a un proceso de selección y de percepción por parte de los dirigentes de cada organización.

2.2.3 Selección del entorno

Las organizaciones no pueden comprender todas las variables del entorno. Para enfrentar esta complejidad, seleccionan algunos elementos entre un enorme conjunto de variables a fin de visualizar el mundo. A esto se le llama selección del entorno, es decir, el conocimiento y la experiencia de la organización y de sus ejecutivos se basan en una pequeña parte de todas las variables. En vez de considerar el entorno como un hecho dado, como materias primas e insumos transformados, las organizaciones interpretan su realidad externa por medio de información. Para reducir la ambigüedad, la organización selecciona datos significativos que describan el entorno.

Percepción del entorno

Las organizaciones perciben su entorno en forma subjetiva y de acuerdo con sus expectativas, experiencias, problemas, convicciones y motivaciones. Cada organización percibe e interpreta de forma propia el contexto ambiental. Esto significa que un mismo entorno puede ser visto e interpretado de manera diferente por dos o más organizaciones. La percepción del entorno es una construcción o un conjunto de informaciones seleccionadas y estructuradas en función de la experiencia anterior, las intenciones y maneras de pensar de los dirigentes de cada organización.

La percepción depende en gran medida de aquello que cada organización considera relevante en su entorno. Como el ambiente no es estático ni fijo, sino sumamente dinámico, las organizaciones buscan información sobre variaciones suficientemente claras, importantes o relevantes como para llamar su atención. Así, la percepción del entorno depende de la captación y el manejo de la información externa que se considera útil. No obstante, las organizaciones no seleccionan y perciben sus entornos; lo hacen las personas que administran las organizaciones.

2.3 Las relaciones entre organizaciones

2.3.1 Sistema abierto

Las organizaciones funcionan como sistemas abiertos, esto significa que están en un proceso continuo de intercambios con el entorno. En otras palabras, la organización como sistema abierto es parte de una sociedad mayor, constituida por partes menores. Esa integración de las partes menores produce un todo que no se puede comprender mediante una simple visualización de cada una de las partes en forma aislada. Las organizaciones son sistemas que operan dentro de otros sistemas; son conjuntos de elementos que interactúan entre sí y que buscan alcanzar objetivos.

Toda organización actúa en un entorno determinado y su existencia y supervivencia dependen de la manera en que se relaciona con ese medio. El sistema abierto posee fronteras sumamente permeables que le permiten un intercambio constante de recursos, energía e información con su entorno, del cual recibe los insumos (entradas u inputs) que necesita para su supervivencia y sus operaciones y en el cual coloca los resultados de sus operaciones (salidas o outputs) en forma de productos o servicios.

Los sistemas cerrados (como las máquinas, el equipo o el hardware) se conectan con el entorno de forma previsible y mecánica por medio de entradas y salidas perfectamente conocidas cuyo comportamiento es previsible y predeterminado, pero los sistemas abiertos, como todos los seres vivos, las organizaciones, la economía y la propia sociedad, interactúan en forma dinámica con el entorno por medio de múltiples entradas y salidas que no son conocidas con exactitud y que no obedecen a las relaciones directas de causa y efecto. De ahí el comportamiento intrincado de los sistemas abiertos. No son objetos, sino organismos complejos que se comportan como tales.

Las organizaciones como sistemas abiertos presentan las siguientes características:

• Importación y exportación:

La organización importa continuamente del entorno los recursos, los materiales y la energía necesarios para abastecer sus operaciones y exporta continuamente al entorno los productos o servicios que produce. Por una parte, la organización tiene entradas que provienen del entorno y, por otra, salidas dirigidas al entorno. Este flujo de importación y exportación es la principal característica de una organización como sistema abierto.

• Homeostasis:

Es la tendencia del sistema abierto a permanecer en un equilibrio dinámico y sostenido, o statu interno. El sistema abierto debe mantener constante el intercambio de energía que importa del entorno y que exporta a éste para asegurar su estabilidad y supervivencia. La homeostasis garantiza la integridad del sistema pese a todas las variaciones del entorno; otorga prioridad a los procesos o actividades internas de la organización, es decir, busca la eficiencia interna. También lleva a la rutina y a la conservación del sistema y garantiza el equilibrio dinámico de la organización en un contexto variable.

• Adaptabilidad:

Es el cambio de organización del sistema, de su interacción o de las pautas requeridas para conseguir un estado de equilibrio nuevo y diferente con el entorno, por medio de la alteración de su statu interno.

La adaptabilidad ocurre gracias al proceso de realimentación (feedback) para mantener la viabilidad de la organización. La realimentación permite que la salida de un sistema influya de manera positiva o negativa en su entrada con el objeto de ajustarlo a determinadas pautas de funcionamiento o corregir posibles desviaciones.

Ese enfoque adaptativo y ecológico de las organizaciones tiene como consecuencia un enfoque en los resultados (salidas u outputs), en vez de dar importancia a los procesos o actividades de la organización. Se hace hincapié en la eficacia del sistema y no sólo en su eficiencia. A diferencia de la homeostasis, la adaptabilidad lleva a la ruptura, al cambio y a la innovación del sistema para que éste se pueda ajustar a las demandas cambiantes del entorno.

• Morfogénesis:

Es una derivación de la adaptabilidad del sistema abierto a su entorno. A diferencia de lo que ocurre en los sistemas cerrados y mecánicos y en los sistemas biológicos, el sistema abierto tiene la capacidad de modificarse de manera estructural. Ésa es la principal característica que identifica a las organizaciones como sistemas abiertos. Una máquina no puede cambiar sus engranajes y un animal no puede crear una pierna o una cabeza más, pero la organización puede modificar continuamente su constitución y estructura para facilitar la consecución de sus objetivos.

• Negentropía o entropía negativa:

La entropía es un proceso mediante el cual todas las formas organizadas tienden al agotamiento, la desorganización, la desintegración y, por último, la muerte. Se trata de la degradación típica de los sistemas cerrados, que sufren desgaste, descomposición y depreciación. Para sobrevivir, los sistemas abiertos se reabastecen de insumos y de energía más allá de sus necesidades básicas a fi n de mantener indefinidamente su estructura organizacional por medio de la entropía negativa. Así, los sistemas abiertos evitan la entropía por medio de la importación de cantidades de energía superiores a las que devuelven al entorno como productos o servicios.

Parte de las entradas de energía en una organización se invierten directamente en crear una salida en forma de producto o servicio. Otra parte de la energía es absorbida y consumida por la propia organización para compensar la que se pierde entre la entrada y la salida.

• Sinergia:

Es lo contrario de la entropía. Representa un esfuerzo simultáneo de varias partes o subsistemas de la organización en beneficio de una misma función. Así, la sinergia es un efecto multiplicador de las partes que hace que el resultado de una organización sea diferente de la suma de sus partes o de sus insumos.

La aritmética organizacional es diferente de la tradicional. Así, 2 + 2 puede ser igual o mayor a 4. El emergente sistémico demuestra que el resultado del todo puede ser mayor que la suma de sus partes. Cuando es menor a 4, existe entropía debido a las pérdidas del sistema. Además, las características del sistema pueden ser completamente diferentes de las características de sus partes constituyentes. Por ejemplo, el agua es completamente diferente de las características de sus componentes, el oxígeno y el hidrógeno, o el bosque es completamente diferente de sus árboles.

Esto explica por qué la perspectiva sistémica u holística implica una nueva manera de ver las cosas, no sólo en términos de alcance, sino, sobre todo, en cuanto al enfoque; es una nueva forma de percibir el todo y sus partes, lo que está dentro y lo que está fuera, el total y la especialización de las partes, la integración interna y la adaptación externa, la eficiencia y la eficacia. La visión global o gestáltica privilegia la totalidad y sus partes componentes sin hacer a un lado el emergente sistémico, es decir, las propiedades del todo que no aparecen en ninguna de sus partes. Se trata de tener la visión del bosque y no de cada árbol, la visión de la ciudad y no de cada predio o edificio. Lo importante es la visión de toda la organización y no sólo de cada uno de sus componentes.

2.3.2 Teoría de la contingencia

En 1961, Burns y Stalker, dos sociólogos industriales ingleses, investigaron 20 industrias para conocer la relación entre las prácticas administrativas y el entorno en el que se desarrollan. Quedaron impresionados ante la diversidad de métodos y procedimientos administrativos que encontraron y clasificaron las industrias investigadas en dos categorías: organizaciones mecanicistas y organizaciones orgánicas.

Los investigadores llegaron a la conclusión de que las organizaciones mecanicistas son adecuadas para un entorno de condiciones estables y permanentes, mientras que las organizaciones orgánicas son más adecuadas para un entorno de cambio e innovación. Más adelante, en la década de 1970, Lawrence y Lorsch publicaron los resultados de su investigación sobre el entorno de la organización y contribuyeron a que surgiera la teoría de las contingencias. Llegaron a la conclusión de que las empresas utilizan dos mecanismos básicos para su funcionamiento: la diferenciación y la integración administrativas. La diferenciación es la división de la organización en subsistemas o departamentos, cada uno de los cuales desempeña una tarea especializada en un contexto ambiental también especializado.

Cada subsistema o departamento tiende a reaccionar sólo a aquella parte del entorno que es relevante para su tarea específica. Cada departamento desarrolla una estructura y un enfoque específicos para adaptarse a las distintas demandas de la organización. Del entorno general surgen entornos específicos y a cada uno corresponde un subsistema o departamento de la organización.

La integración es el proceso contrario: las presiones que provienen del entorno general de la organización hacen que ésta busque la unidad de esfuerzos y la coordinación de sus diversos subsistemas o departamentos. Los dos estados (diferenciación e integración) son opuestos y antagónicos; así, cuanto más diferenciada sea una organización, más difícil será conciliar los puntos de vista de los subsistemas o departamentos y obtener una colaboración e integración efectiva. A medida que las organizaciones crecen sus áreas se diferencian, pero el funcionamiento de todas debe estar integrado para que el sistema entero sea viable. Las organizaciones que más se acerquen a las características de diferenciación e integración que demande el entorno tendrán más éxito.

Para entender a una organización primero se debe comprender su entorno. El enfoque de contingencias es amplio e integrador. Busca mantener el enfoque interno en las tareas, en las personas y en la estructura de organización. Ahora también se enfoca en el crecimiento y en la supervivencia de las organizaciones en un entorno cada vez más cambiante.

Además, la teoría de las contingencias se basa en la adaptación de la teoría de la administración al entorno; es decir, todo es relativo y contingente; nada es absoluto y no existe una manera única y exclusiva de administrar u organizar.

Todo depende de las condiciones del contexto en el cual operan las empresas, como sistemas abiertos cuyas entradas y salidas dependen del ambiente. Las empresas exitosas son aquellas que aprenden a adaptarse a las exigencias del entorno, que saben explorar las oportunidades y esquivar las amenazas que provienen de éste. Las empresas que no aprenden a adaptarse a las condiciones de su ambiente tienden a desaparecer, como si hubiese una selección natural de las especies organizacionales.

Hoy sabemos que la teoría de la evolución ha sido cuestionada debido a que se han descubierto cambios drásticos y repentinos en las especies, reacciones de adaptación al medio. La evolución fue mucho más radical y discontinua de lo que pregonaba la doctrina darwiniana. Sabemos que el entorno de las organizaciones es vasto, poco claro y complejo.

Por tanto, la percepción que las empresas tienen es limitada, parcial y subjetiva; no pueden aprehender toda la grandeza y complejidad de su entorno ni asimilar toda la información que éste genera. Sus órganos sensoriales y sus mecanismos de percepción son insuficientes para ello.

Las empresas aún son miopes para visualizar sus campos de acción y de maniobra en el mundo. Su perspectiva todavía es muy corta y estrecha. La teoría de las contingencias es la etapa más reciente de la teoría de la administración. Su objetivo es una administración ampliada, sin fronteras en el tiempo y el espacio, con una visión dirigida hacia el futuro y hacia el entorno circundante.

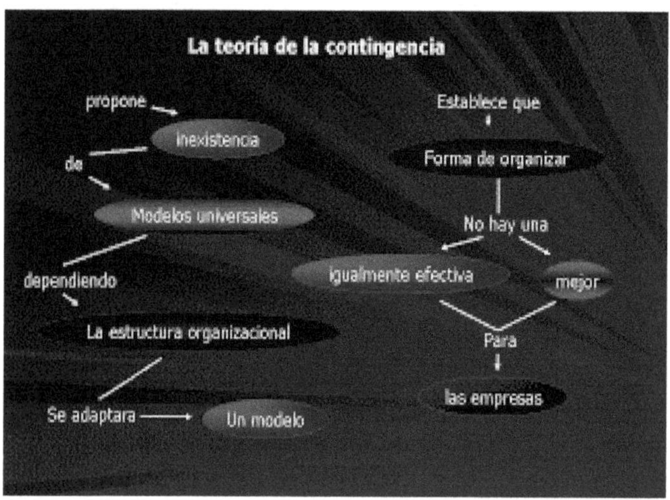

Fig. 3: Teoría de la contingencia.

2.3.3 Relaciones ínter-organizacionales

Las relaciones organizacionales son transacciones de recursos, flujos y vinculaciones algo perdurables que ocurren entre dos o más organizaciones. Un ecosistema organizacional es un sistema formado por la interacción entre una comunidad de organizaciones y su entorno.

Un ecosistema trasciende las líneas tradicionales de la industria y una compañía puede crear el suyo. Microsoft ejerce su influencia en cuatro principales industrias: Electrónica de consumo, información, comunicaciones y computadoras personales. Su ecosistema también incluye a cientos de proveedores y millones de clientes a través de múltiples mercados.

Modelo inter-organizacional

Los modelos ayudan a los directores a entender las relaciones Interorganizacionales y a cambiar las funciones de una dirección jerarquizada para adoptar una administración horizontal. Al entender esto los directivos pueden evaluar su entorno y adoptar estrategias que se ajusten a sus necesidades. La primera perspectiva se denomina teoría de la dependencia de recursos, esta explica las formas racionales en que las organizaciones negocian entre ellas para reducir la dependencia del entorno. La segunda perspectiva se refiere a las redes de colaboración, donde las organizaciones se permitan a sí mismas volverse dependientes de otras para incrementar el valor y la productividad de ambas. La tercera perspectiva es la ecología poblacional, la cual examina cómo las nuevas organizaciones llenan nichos que dejan abiertos las organizaciones establecidas, y cómo se beneficia la sociedad de esta gran variedad de nuevas formas de organización.

El ultimo enfoque se denomina el institucionalismo y explica por qué y cómo las organizaciones se legitiman a sí mismas en el entorno general y diseñan estructuras gracias a las ideas de las demás. Contemporáneamente, las relaciones entre organizaciones han llegado a ser una estrategia esencial para el manejo de recursos, el intercambio de conocimientos y el acceso a información oportuna del entorno. las relaciones inter-organizacionales como los vínculos que se dan entre una o varias organizaciones de un entorno particular, que dan lugar a transacciones relativamente duraderas y constantes.

En el terreno organizacional, la cooperación se plantea como un comportamiento relacional, atado directamente con las tareas meta y que puede manifestarse a través de uno o más comportamientos como el intercambio de información, la discusión constructiva de los problemas y la puesta en común de actividades, recursos y capacidades, todos ellos orientados hacia la satisfacción de las necesidades y al cumplimiento de uno o varios objetivos comunes.

La cooperación entre las organizaciones:

En el terreno organizacional, la cooperación se plantea como un comportamiento relacional, atado directamente con las tareas meta y que puede manifestarse a través de uno o más comportamientos como el intercambio de información, la discusión constructiva de los problemas y la puesta en común de actividades, recursos y capacidades, todos ellos orientados hacia la satisfacción de las necesidades y al cumplimiento de uno o varios objetivos comunes.

La Organización Como Objeto de Estudio

Esta situación es la que ha permitido el avance del conocimiento científico que busca comprender, explicar y predecir a las organizaciones las cuales se convirtieron en el objeto de estudio de estos científicos.

A medida que pasa el tiempo evolucionan las ideas, las cuales en la actualidad apuntan hacia el estudio del ser humano pensante dentro de los centros de trabajo debido a que ya se ha descubierto que el trato adecuado a las personas conlleva a que éstas den ideas y trabajan de manera cooperativa y a su vez esta situación se convierte en una ventaja competitiva organizacional.

Actualmente se está afianzando cada vez más fuerte la idea de reconocer que los problemas se resuelven por personas creativas y críticas que perciben a las situaciones riesgosas como fuente de inspiración. Asimismo, también se reconoce que se requiere conocimiento, fortaleza, perseverancia y mucha imaginación para entender, explicar y buscar soluciones a las situaciones problemáticas y desafiantes que presentan las instituciones para poder subsistir en un mundo extremadamente complejo y competitivo como es el siglo XXI.

Se reconoce el valor del conocimiento surgido de la experiencia tanto como aquel emanado del estudio, es por ello que hoy en día se valora a la capacidad de análisis de las personas como la fuente de construcción de soluciones creativas que se originan en la recopilación de datos de la institución, del entorno y del conocimiento teórico generado por los pensadores organizacionales durante el siglo XX.

Muchos directivos cometen el error de ver a los principios y conceptos administrativos como recetas que no requieren de pensamiento científico e imaginación para buscar soluciones novedosas a los problemas del mundo organizacional.

Al respecto Hamel dice que cualquier problema que sea generalizado, persistente o sin precedentes probablemente no se resolverá con principios de segunda mano.

Aunque los principios del proceso administrativo han sido guía para la práctica moderna no es suficiente para hacer frente al mundo organizacional moderno.

Es importante para quienes dirigen y toman decisiones estratégicas entender que el mundo de hoy es un mundo de turbulencia en donde el cambio es la única constante y asimismo tener presente que la oferta es mayor que la demanda.

Por ello, el pensamiento científico y el creativo son fundamentales para la búsqueda de nuevos principios teóricos emanados de prácticas administrativas novedosas que conlleven a la solución de problemas. Al respecto Hamel comenta que la variedad es un principio esencial de la adaptabilidad y recomienda que se dé más poder de decisión a las personas que conforman las instituciones.

Estas ideas novedosas han sido probadas por algunas instituciones que han comprobado la veracidad de ellas. Por ejemplo, la institución de Great place to work ha generado una metodología de trabajo emanada de 20 años de investigación en distintas organizaciones del mundo.

A través de este estudio se descubrió que la confianza entre los directivos y los empleados es la característica más definida de los mejores entornos de trabajo, por ello la definición de un excelente entorno de trabajo para esta institución es la siguiente: «puedes confiar en las personas para las cuales trabajas, sientes orgullo por lo que haces y disfrutas con las personas con las cuales trabajas».

Actualmente esta institución asesora a varias instituciones con el fin de elevar la eficiencia y la eficacia a través de generar ambientes de trabajo en donde se rescate el valor del ser humano como generador de riqueza a través de enriquecer los vínculos entre empleados y directivos, entre empleados y su institución y entre los mismos empleados.

En el mundo organizacional moderno se ha descubierto que es importante promover y adoptar como principios fundamentales de la acción directiva la delegación y el activismo.

De acuerdo con estas ideas como pilares de la acción administrativa es que se observa que las instituciones vanguardistas han puesto en marcha políticas y procedimientos fundamentados en una filosofía donde la gente es capital y este se genera por la oportunidad que se le dé a los empleados de ser escuchados así como que ellos escuchen a otros con el propósito de generar ideas y enriquecerla a través del diálogo.

Al respecto Pierre Levy comenta que la inteligencia colectiva se basa en un principio muy simple: todo el mundo sabe algo y de lo que se trata es de garantizar el acceso de todos a las fuentes de información. Cada ser humano es para otro una fuente de conocimiento.

Aunque el inicio de la administración científica está muy ligada a las fábricas, actualmente se reconoce que toda organización es sujeta de ser estudiada con el fin de entender su dinámica interna y como ésta es afectada por el entorno político, cultural, económico.

El entender una organización se encuentra íntimamente ligado a como son las personas que componen las instituciones y de ello depende el uso que se hace del poder, dinero, maquinaria, instrumentos, edificios, información, equipos de cómputo y por supuesto el tipo de estructura organizacional.

Al respecto recomiendan Christensen y Raynor que debemos saber no sólo dónde, cuándo y por qué deben cambiar las cosas, sino también qué debe seguir siendo igual. De acuerdo a lo mencionado, se infiere que es el ser humano el que hace la diferencia entre una institución y otra, por lo tanto, las organizaciones son creaciones humanas que pueden ser obras de arte por su técnica, armonía y creatividad o un conjunto de personas trabajando desarticuladamente y siendo inconscientes de su torpeza e ineficiencia al ser inadecuadamente dirigidas por personas irreflexivas y poco conocedoras de los principios teóricos administrativos y de las tendencias del entorno.

La habilidad de cooperar ya está siendo reconocida por los estudiosos de la economía como un factor indispensable para el éxito organizacional ya que un modelo económico solidario es soportado por la cooperación, la cual como categoría económica está ligada al desarrollo de la actividad humana debido a que ésta es inherente al carácter de ser social que identifica al hombre.

El Factor C: Cooperación, Colaboración, Comunidad, Compartir

El nombre de factor c obedece a que con "c" empieza en muchos idiomas vocablos que hacen referencia a la cooperación: Colaboración, comunidad, compartir, compañerismo. Y el prefijo "co" encierra la idea de estar juntos, de estar con el otro, de hacer algo juntos.

La tendencia actual es liberar a las personas para que potencien su capacidad de crear ideas y compartirlas. Algunas historias de éxito sobre creer en el activismo y la delegación (las cuales requieren de la cooperación) son Toyota, Southwest Airlines, Microsoft, Cemex y Bimbo. En Google los altos ejecutivos se enfocan en crear ambientes organizacionales en donde los "googlitos" liberen su potencial creativo y piensen y trabajen en cualquier cosa que sientan que beneficiará a los usuarios y anunciantes de Google. John Mackey, el CEO de la empresa Whole Foods dice que su meta era "crear una organización basada en el amor en lugar del temor", ha entendido que son los pequeños equipos los que manejan departamentos tales como el de verduras frescas, alimentos preparados y productos del mar.

Los ejecutivos consultan con los equipos en todas las decisiones que involucran a las tiendas y les delegan la capacidad de decidir sobre cuestiones como qué productos vender, así como les permiten vetar las nuevas contrataciones.

En Toyota se vive una filosofía en donde las personas son personas y se cree en ellas, por ejemplo, a los empleados de primera línea se les permite opinar y dar soluciones sobre problemas, para ello se les dota de las habilidades, las herramientas y el permiso para solucionar y evitar nuevos problemas.

En Southwest Airlines se construyen y mantienen relaciones de alto desempeño entre ejecutivos, empleados, sindicatos y proveedores quienes comparten metas, conocimientos y respeto mutuo que los lleva a resolver problemas trabajando juntos de manera rápida al brindarse apoyo continuo y mutuo que los convierte en personas inteligentes. En este punto es importante aclara que la palabra inteligencia proviene de latín intelligentia, que significa «entre ligar», es decir, unir, unir de nuevo o relacionar.

De acuerdo a lo mencionado se infiere que la inteligencia está en la capacidad de conexión que tienen las diferentes células que componen la empresa, por ello es importante que los sistemas sociales de las organizaciones se encuentren conectados y puedan compartir información que les ayude analizar su situación de manera global y particular para tomar mejores decisiones.

Esos sistemas sociales están conformados por los empleados, pero también están los proveedores, los propietarios, y los clientes. En resumen, todos aquellos que tienen algún vínculo con la organización.

Porras, Emery y Thompson mencionan que el éxito duradero se logra en aquellas instituciones que capacitan para el crecimiento personal y la carrera hacia un triunfo firmemente asentado en descubrir qué es lo que le importa a las personas y da sentido a su vivir diario.

El éxito llega en la vida y en el trabajo cuando la gente tiene sentido en su vida, situación que le permite apasionarse y con ello sentir amor por su trabajo que redundará en un mejor esfuerzo caracterizado por un mayor número de intentos, acciones rápidas e ideas estimulantes.

En segundo lugar, se requiere contar con una manera de pensar creativa que lo llevará a tenerse confianza y creer en sus ideas, estas personas cuando afrontan la adversidad pueden pasar rápidamente de una emoción negativa a una acción constructiva, por lo tanto, aprovechan de la mejor manera posible los problemas y continúan la marcha porque los errores los perciben como oportunidades para entender lo ocurrido y superarlo.

En tercer lugar, ponen en marcha sus ideas y buscan continuamente corregirlas y mejorarlas ya que cuentan con amor por lo que hacen y un sentido profundo de crear la vida que les produce gozo. Todos estos factores mencionados es lo que buscan potenciar por medio de programas de capacitación y desarrollo las instituciones que poseen o quieren el éxito.

Evans y Wolf a través de estudiar el éxito de Linux y Toyota llegan a la conclusión de que la colaboración es un imperio en donde los grandes esfuerzos grupales son el producto de ambientes diseñados para producir transacciones abundantes y baratas producto de la cooperación que atraviesa las barreras organizacionales.

Asimismo, estos autores mencionan que los psicólogos organizacionales han descubierto que las zanahorias monetarias y los garrotes de responsabilizar motivan a la gente a desempeñar tareas estrechas y específicas, pero por lo general la desaniman a ir más allá de ellas. La admiración y el aplauso son estímulos mucho más eficaces para un comportamiento más emprendedor.

De acuerdo con lo dicho es importante saber que las personas adecuadas para el puesto no requieren de excesivo control, que curiosamente lleva a más control y menos productividad. Si se cuenta con personas comprometidas es importante confiar en ellas y dejarlas hacer su trabajo.

Al respecto comenta Ericsson y Gratton las empresas que identifican a sus empleados potenciales tan metódicamente como a sus clientes potenciales pueden obtener una ventaja sostenible en el mercado. En JetBlue los empleados tienen privilegios ilimitados para cambiar turnos, los que pueden negociar mediante un foro comunitario online. Este proceso de auto organización mantiene a los empleados motivados y satisfechos.

Asimismo, las organizaciones que le apuestan a la confianza como base de su filosofía organizacional no fomentan estructuras jerarquizadas ni elitistas; si no se empeñan en crear ambientes en donde las personas estén conscientes de que nadie es más importante que otro. Hill menciona que aquellos jefes que logran algún grado de control consiguen una falsa victoria.

Obediencia no es lo mismo que compromiso.

Si las personas no están comprometidas, no tomarán la iniciativa. Y si los subordinados no toman la iniciativa, su jefe no puede delegar eficazmente. Los subordinados no asumirían los riesgos que conducen al cambio y a la mejora continua que exige el turbulento entorno organizacional actual.

Hacia una Cultura Corporativa Basada en la Cooperación

A manera de conclusión, se infiere que la tendencia actual para lograr éxito es dejar de controlar como se hacía en el pasado, sino más bien ejercer la autoridad con las personas y aprovechar su potencial creativo y analítico mediante liberarles la mente y el corazón, pero para lograr esta situación es necesario dejar de lado las relaciones de desigualdad y comenzar a creer en que la gente hace la diferencia. Dicho de otra manera, se requiere trabajar para formar una cultura corporativa basada en el valor de la cooperación en donde los trabajadores, los departamentos, las subdirecciones, las distintas empresas de una compañía sientan a los otros como imprescindibles para alcanzar los objetivos estratégicos emanados de la misión de la empresa.

Para que la misión se cumpla y los objetivos estratégicos se logren es necesario a partir de ellos establecer objetivos departamentales y tácticos que a su vez rescatan los objetivos individuales. Esta estrategia fundamentada en la cooperación se traduce en funciones, actividades y responsabilidades que cada miembro asumirá con el firme propósito de beneficiarse y beneficiar a los demás. Es decir, cada una de las partes que conforma el todo reconoce el grado de afectación que produce el cumplimiento de su deber en los otros y a su vez también reconoce que el cumplir adecuadamente es una de las fuentes fundamentales para mantener las interacciones positivas.

Es precisamente este hecho lo que reconocen las instituciones que fundamentan su riqueza en el valor de la cooperación.

Unidad III: La estrategia y la estructura organizacional

3.1 Los conceptos de estrategia y estructura organizacional y sus rasgos distintivos

Concepto de Estructura Organizacional

Las empresas son dinámicas, las cuales van creciendo y alcanzando el éxito, debido a las estrategias que van adoptando frente a sus competidores y a su entorno, mediante los procesos y funciones que el personal de la organización cumpla y se empodere de los procedimientos le permitirán alcanzar los objetivos y metas planteadas. La estructura organizacional es cambiante la cual depende de la estrategia que se tome en el tiempo y en el lugar geográfico. Toda organización sea grande o pequeña necesita tener una estructura que permita diferenciarse de su competencia, para poder ofrecer un servicio de calidad, apoyado de la tecnología y la innovación.

Si la estrategia es cambiante en una organización, la estructura necesariamente debe cambiar en función de sus necesidades, actividades y procesos que esta la requiera. Desde una perspectiva sistémica la estructura es la forma de organización que adoptan los componentes de un conjunto. Existe una estructura cuando una serie de elementos se integran en su totalidad que presenta propiedades específicas como conjunto y cuando además las propiedades de los elementos dependen de los atributos específicos de la totalidad. Para determinar una estructura es fundamental comprender que cada empresa es distinta una de la otra, por lo que es necesario que la estructura organizacional se enfoque en sus necesidades dependiendo del tamaño, la edad de la organización, el entorno y la dinámica que maneje para que pueda responder a sus metas y resultados. Desde otro punto de vista la etimología del término estructura permite una primera aproximación a su definición.

Deriva del verbo latino struere, que significa construir, y en su uso actual se refiere tanto a construcción como soporte o basamento de sistemas constituidos por elementos físicos, como de sistemas abstractos en los que se interrelacionan conceptos, ideas o símbolos. Por otro lado, entendemos por estructuras organizacionales los diferentes patrones de relación y articulación entre las partes a través de los cuales una institución se organiza con el fin de cumplir las metas que se ha propuesto y lograr el objetivo deseado.

Luego de citar estos conceptos se puede definir que la estructura es fundamental en una organización, sea grande o pequeña ya que a través de la aplicación de las estrategias se puede alcanzar resultados que marquen la diferencia. Se considera que la estructura organizacional promueve la responsabilidad y pertenencia en las actividades que realiza el personal, por la cual la estructura tiene una relación directa con las actitudes y el comportamiento de los empleados de una organización. Se conoce como estructura organizacional a las formas de organización interna y administrativa de una empresa u organización. Esto incluye también el reparto del trabajo en áreas o departamentos determinados según esa misma estructura. La estructura organizacional es la forma de una empresa.

Estructura organizacional

La estructura organizacional se refiere a la forma en que se dividen, agrupan y coordinan las actividades de la organización en cuanto a las relaciones entre los gerentes y los empleados, entre gerentes y gerentes y entre empleados y empleados. La organización puede ser de tres tipos: funcional, por productos o mercadotecnia y matricial. Organización Funcional: fue creada por Frederick Taylor, consiste en dividir el trabajo y establecer la especialización de manera que cada hombre, desde el gerente hasta el obrero, ejecute el menor número posible de funciones.

Organización por productos: con frecuencia llamada organización por división, reúne en una unidad de trabajo a todos los que participan en la producción y comercialización de un producto o un grupo relacionado de productos a todos los que están en cierta zona geográfica o todos los que tratan con cierto tipo de cliente.

Organización matricial: también llamada matriz, combina los tipos de organización mencionados anteriormente, tomando los beneficios de ambos. Así, existe un gerente funcional a cargo de las labores inherentes al departamento, con una sobreposición de un gerente de proyecto que es el responsable de los resultados de los objetivos de dicho proyecto. En general, es un sistema de mando múltiple o dos jefes.

La estructura organizacional suele representarse en forma de organigramas que son representaciones graficas de la estructura formal de una organización, que muestran las interrelaciones, las funciones, los niveles jerárquicos, las obligaciones y la autoridad, existentes dentro de ella. Los organigramas pueden representarse de 4 formas diferentes:

Vertical. En la que los niveles jerárquicos quedan determinados de arriba abajo.

Horizontal. Los niveles jerárquicos se representan de izquierda a derecha.

Circular. Donde los niveles jerárquicos quedan determinados desde el centro hacia la periferia.

Mixto. Se utiliza por razones de espacio, tanto el horizontal como el vertical.

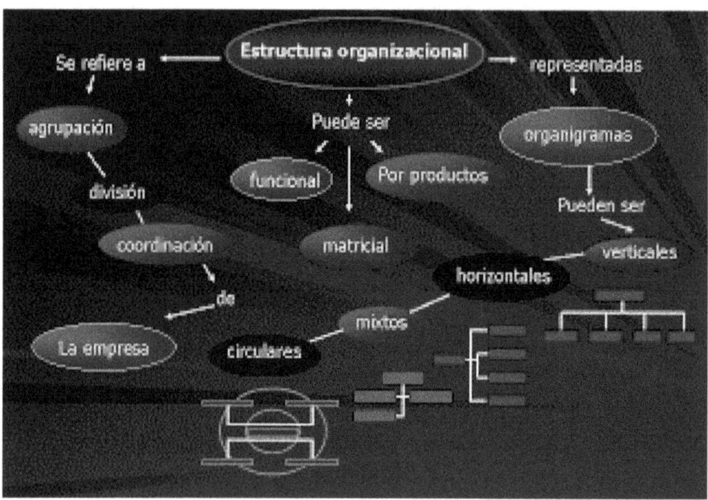

Fig. 4: Estructura organizacional.

Concepto de estrategia empresarial.

La definición de estrategia reconociéndola como un proceso de formulación elusiva y abstracta, además de incorporar la realización de acciones que de ninguna forma son inmediatas tras la toma de decisiones. El mencionado autor esgrime que la estrategia puede concebirse como un conjunto de normas que involucran la vida de la organización.

Por la misma vía, las normas que enmarcan la determinación estratégica de la empresa pueden clasificarse dentro de 4 tipos de criterios. La primera referencia el comportamiento presente y futuro de la empresa; así, la estrategia buscaría la obtención de mayores rendimientos que de alguna forma se relacionen con la calidad y el mejor aprovechamiento de recursos. Infiere que la calidad se encuentra en el plantea-miento de los objetivos, y lo que respecta a los recursos se asocia a la cantidad deseada; estas serían las metas de la organización.

El segundo criterio propuesto por Ansoff considera los cambios del entorno, catalogado como ambiente externo. A partir de esto, las empresas desarrollarían normas que tienen que ver con la tecnología utilizada, los productos a vender, el mercado objetivo y el desarrollo de ventajas ante los competidores; todo lo cual es entendido como estrategia empresarial. El tercer y cuarto criterios corresponden al interior de la organización. Al respecto conviene decir que se tienen en cuenta los procesos internos que se relacionan con el concepto y la razón de ser de la organización, al tiempo que se establecen los lineamientos a tener en cuenta para determinar las políticas que corresponden a la operación organizacional.

Para simplificar, el concepto de estrategia desde la perspectiva de este autor es punto convergente y direccionador de la naturaleza del negocio y de las actividades que esta conlleva, adicionando la interacción permanente con el entorno y los mercados.

Es decir, el ámbito donde la estrategia tiene acción y los permanentes cambios hacen del proceso de formulación algo complejo, en donde el enfoque tradicional ha sido esencialmente cartesiano, con lo cual se ha tornado insuficiente.

Etapas para el trascurso estratégico

El transcurso de formación de estrategia comprende las siguientes etapas:

• El análisis estratégico

ES la etapa donde se efectúa un análisis situacional a fin de comprender de la situación actual de la empresa.

• El planeamiento estratégico

Hace referencia a la selección del curso o los cursos de acción que la empresa debe a seguir para alcanzar efectivamente los propósitos, objetivos y metas trazados.

La implementación estratégica

Es el momento en el cual se confecciona la secuencia de las diversas acciones previstas en los planes establecidos.

El control estratégico

Es la fase de seguimiento que permite hacer ajustes y correcciones durante el proceso de implementación, a fin de mantener el rumbo correcto para alcanzar las metas.

En conclusión, para una estrategia a nivel Organizacional, se examina el entorno, se formula la misión, se establecen los objetivos y la visión de la empresa, proyectados con una perspectiva a largo plazo.

Tipos de estrategia Organizacional

• Estrategia corporativa:

Involucra las decisiones cuyo alcance es general y se lleva a toda la empresa, estas estrategias se concentran habitualmente en la alta dirección y tienen como principal finalidad establecer y conservar un equilibrio en la cartera de negocios. Se establece la misión, visión y políticas frecuentes para el progreso de la empresa. Concibe la empresa como un todo, determina los negocios donde la organización quiere participar, en relación a elementos de como la ventaja competitiva, el alcance y la asignación de recursos.

• Estrategia competitiva

Comprende las decisiones propias para cada unidad de negocio, tiene como finalidad crear y ayudar a que se dé un posicionamiento en el mercado por encima de la competencia.

Sus principales funciones son establecer un enfoque competitivo, tomar medidas y acciones de expansión, defensa y ataque frente a la competencia.

• Estrategia funcional

Es la estrategia clasificada para cada unidad de negocios, tiene como finalidad proporcionar un soporte operativo para cada una de las áreas de la empresa. Las estrategias pueden mantenerse en el tiempo, esto se denomina estrategia lineal, que en parte depende del mercado donde opere, de la estabilidad y lo atractivo que tiene para atraer inversiones y la fuerza de la competencia existente.

Por otro lado, existen inconstancias que provocan que una empresa modifique su estrategia, esto se conoce como estrategia incremental, y mayormente se da cuando una empresa nota un riesgo en su estrategia o en circunstancias donde el mercado se torna inestable para su operación.

En ese caso la empresa opta por alterar la estrategia, de esta manera se adapta al cambio sucedido. Son desarrolladas para un área funcional en particular, como por ejemplo marketing o finanzas, sin embargo, no deben ser vistas por separado, pues forman parte de un mismo proceso de selección estratégica.

Importancia de la estrategia organizacional

Es vital pues define el camino y tiene claro hacia dónde va la empresa, define su quehacer y como lo desarrollan. Adicionalmente, para instaurar una cultura de la organización que se quiere, es muy importante tener los lineamientos éticos que serán el punto de referencia del comportamiento individual y grupal, además de los criterios sobre los cuales se sustentarán la toma de decisiones en la gestión empresarial.

Todo esto componen los valores organizacionales que serán transmitidos con el ejemplo a seguir de cada miembro de la organización, promovidos en cada acción, con el fin de que se hagan parte del compromiso adquirido por todos para que la empresa cumpla su misión y visión.

3.2 La relación conceptual entre la estructura y otros aspectos organizacionales (estrategia, control y cultura).

La Estructura está relacionada directamente con la estrategia que tome una organización, de esa forma una estructura que este bien diseñada proporciona bases para tener una buena planificación, control y dirección de las actividades que realice en base a la estrategia establecida. La estructura sigue a la estrategia significa que la estructura es consecuencia de la estrategia, de tal manera que primero se pensaría que se adopta la estrategia y luego se genera un diseño organizacional. Por ende, la estrategia es la que define objetivos en el largo plazo, mientras que la estructura es la que organiza las actividades que surgen de esas estrategias, dando una jerarquía y ordenamiento. Una estrategia es un plan para interactuar con el entorno competitivo al fin de alcanzar las metas organizacionales.

Al revisar los puntos de vista de Chandler y Daft se debe considerar que la estrategia es lo que impulsa al logro de los resultados de la organización considerando su misión y visión. Se puede mencionar sin duda el modelo clásico de formulación de estrategias considera la estructura de manera implícita, al evaluar sus fortalezas y debilidades. Las fortalezas y debilidades a considerar en el proceso estratégico incluyen como un factor esencial la realidad y el potencial de la estructura existente.

Las organizaciones deben ser flexibles y estar atentas a los cambios inesperados que se pueda originar, sea por la competencia o el entorno económico y social. Por eso es importante monitorear esos posibles cambios. La planeación estratégica es, por tanto, la herramienta que primero se aplica para reorientar, debido a que se debe establecer qué lo que se pretende lograr y posteriormente cómo lograrlo: Visión, reconocido también cómo Quienes Somos y Misión o Que Hacemos.

Se puede observar que, para lograr una eficiencia organizacional en un entorno competitivo, las personas que forman parte de la organización deben tener claro la visión y misión de la institución para poder emplear estrategias que les permita desarrollar sus actividades, para lo cual deben seguir los procesos y funciones establecidos, esto permitirá desarrollar una estructura sólida que logre un crecimiento sostenible y sustentable en el tiempo, y donde las personas tengan una actitud positiva frente a los cambios necesarios para alcanzar las metas y objetivos.

Cultura y Estrategia son dos conceptos aplicados en décadas recientes a la gestión de las organizaciones, los cuales tienen un papel fundamental en la dinámica actual. La permanencia de las compañías en el mercado, que coadyuva a la perdurabilidad, les exige ser competitivas y diferenciarse de otras; además de estar siempre dispuestas a propiciar situaciones para que las personas en su actividad asuman comportamientos colectivos y encuentren condiciones satisfactorias que incidan en su satisfacción y felicidad, lo que impacta en la eficiencia del trabajo individual, así como en las metas y logros propuestos por la alta dirección. La revisión de conceptos por autores, identifica enfoques diferentes que se complementan.

A continuación, se presenta la síntesis que resulta de consolidar las definiciones sobre estrategia así: Los directivos responden a los cambios del entorno y de acuerdo a la situación y las características de la empresa definen el "negocio" teniendo en cuenta la visión prospectiva, la misión y los planes a largo plazo, además de las fuerzas internas y externas para determinar las políticas, planes, objetivos y metas.

Adoptan cursos de acción, asignan y administran los recursos necesarios para alcanzar los propósitos planteados y proponen los cambios necesarios para lograr la efectividad de la estrategia en el futuro propuesto.

La estrategia responde a la necesidad de la organización de ser competitiva en razón a la aparición de factores de cambio en el entorno, lo que implica ser flexible y tener capacidad de adaptación. Definir cuál es la esencia del negocio, proponer una visión de futuro, así como definir las tareas a nivel directivo de la unidad de negocio y funcional para la acción, además de establecer la relación entre estas y el producto-mercado, lo que permite obtener resultados de los objetivos planteados.

La estrategia orienta a la empresa, permite identificar oportunidades atractivas para obtener beneficios económicos en su acción. Para ello ajusta la misión y objetivos con visión de largo plazo. La complejidad del mercado propicia el establecimiento de líneas de acción para satisfacer las necesidades del mismo para sus clientes y/o consumidores, así como las expectativas de los stakeholders y otros. En situación de rivalidad permite la creación de valor, la diferencia de sus competidores y favorece la ventaja competitiva; en este propósito alinea las prácticas organizacionales y determina las actividades de la cadena de valor.

Poder y autoridad en la estructura organizacional

Poder: capacidad de influir en las acciones de otras personas.

Autoridad: poder que se tiene para ocupar una posición determinada y a través de esa posición el poder que tiene una persona para tomar decisiones que afectan a otro. La autoridad es un tipo de poder. Se puede tener autoridad sin tener poder.

Autoridad de línea

Son los responsables directos de la realización de los objetivos, mientras que las funciones de Staff son las que ayudan a las de línea para lograr los objetivos eficientemente.

Se llama autoridad de línea porque a un superior se le concede una línea de autoridad entre sus subordinados. De aquí surge el Principio escalar: cuanto más clara sea la línea de autoridad desde el puesto gerencial, más alta será la línea de autoridad hasta todos los puestos subordinados y más clara será la responsabilidad por la toma de decisiones.

Diferencias entre línea y staff

Vienen dadas por la naturaleza de las relaciones que se mantienen en la organización.

Línea: la naturaleza de sus relaciones es de autoridad.

Staff: la naturaleza de sus relaciones es de poder.

Fuentes de poder

Legítimo: deriva del puesto y es aceptado.

Conocimiento: poder que se deriva de la habilidad y de la pericia.

Referencia: tiene como fuente la referencia. Se cree en las personas y en sus ideas.

Recompensa

Coacción: ligado con el legítimo y con el de recompensa.

El poder de habilidad, pericia y de conocimiento tienen una gran influencia y podrían paralizar el proceso dentro de una organización.

Autoridad: poder legítimo, de recompensa y de coacción.

Poder: poder de habilidad, pericia y conocimiento.

La autoridad funcional en la estructura organizacional

Es el derecho que se delega a un individuo o a un departamento para controlar ciertos procesos, prácticas, políticas u otras cuestiones relativas a las actividades comprendidas por las personas de otros departamentos. Esta autoridad puede ser ejercida por la autoridad lineal o por el staff. La autoridad funcional se aplica al cómo y al cuándo, y rara vez se aplica al qué, quién y dónde. El empleo de la autoridad funcional debe ser esporádico y debe concentrarse en el punto más alto de la organización.

Delegación de la autoridad en la estructura organizacional

Es la cesión y transferencia de la autoridad por parte de quien la posee hacia otras personas con el fin de tomar decisiones y emitir instrucciones. Se delega el trabajo y la autoridad, pero nunca se delega la responsabilidad final respecto a los resultados. La distribución de la autoridad entre los diferentes niveles dentro de la organización es lo que se llama sistemas de dirección. Si no hay delegación de autoridad se habla de sistema de dirección centralizado. No puede existir un sistema de dirección totalmente descentralizado o centralizado. El mejor sistema de dirección está comprendido en el intervalo SD1, SD2.

Tipos de centralización

Centralización del desempeño: nos referimos a que hay concentración geográfica.

Centralización departamental: concentramos actividades especializadas generalmente en un departamento.

Definimos la centralización como un aspecto de la administración, como la tendencia a restringir la delegación en la toma de decisiones, en la que se mantiene un alto grado de autoridad en los niveles superiores.

Control de la organización

Los sistemas de control para la gestión estratégica de las organizaciones.

Todo sistema de dirección, por muy distintas que sean sus características o función social, está compuesto por un conjunto de funciones complejas en su conformación y funcionamiento. Para Newman: "La dirección ha sido definida como la guía, conducción y control de los esfuerzos de un grupo de individuos hacia un objetivo común."

El trabajo de cualquier directivo puede ser dividido en las siguientes funciones:

Planificar: determinar qué se va a hacer. Decisiones que incluyen el esclarecimiento de objetivos, establecimiento de políticas, fijación de programas y campañas, determinación de métodos y procedimientos específicos y fijación de previsiones día a día.

Organizar: agrupar las actividades necesarias para desarrollar los planes en unidades directivas y definir las relaciones entre los ejecutivos y los empleados en tales unidades operativas.

Coordinar los recursos: obtener, para su empleo en la organización, el personal ejecutivo, el capital, el crédito y los demás elementos necesarios para realizar los programas.

Dirigir: emitir instrucciones. Incluye el punto vital de asignar los programas a los responsables de llevarlos a cabo y también las relaciones diarias entre el superior y sus subordinados.

Controlar: vigilar si los resultados prácticos se conforman lo más exactamente posible a los programas. Implica estándares, conocer la motivación del personal a alcanzar estos estándares, comparar los resultados actuales con los estándares y poner en práctica la acción correctiva cuando la realidad se desvía de la previsión.

Siempre que se está en presencia de un proceso de dirección, estas funciones deben estar implícitas, aunque la subdivisión que se presenta tenga un carácter puramente analítico y metodológico, ya que todos se producen de forma simultánea en un período de tiempo dado, y sin atenerse a este orden predeterminado en el cual se presenta. En la actualidad, esta subdivisión la conforman solamente la planificación, la organización, la dirección y el control, pues se considera que en cualquiera de las restantes, la coordinación es parte de ellas.

Lo que, si resulta indiscutible, es que cada una de estas funciones juega un papel determinado dentro del proceso de dirección, complementándose mutuamente y formando un sistema de relaciones de dirección. A pesar del papel de cada una, muchos autores se plantean la importancia relativa que tiene la planificación por sobre las demás.

Los Sistemas de Control de Gestión. Su estructura y funcionamiento.

Desde la comunidad primitiva, el hombre se ha planteado la necesidad de regular sus acciones y recursos en función de su supervivencia como individuo o grupo social organizado. En cualquier caso, existió en primer momento, un instinto de conservación y con el posterior desarrollo bio-psico-social, una conciencia de organización que les permitió administrar sus recursos. Surgió así un proceso de regulación y definición de actividades que garantizaba:

• Orientarse hacia una idea o necesidad determinada, guiados generalmente por un líder.

• Contar con alimentos, herramientas, tierra y hasta lugares para la pesca en determinado período del año.

• Conocer exactamente, quién o quiénes eran responsables de una u otra labor.

• Detectar alguna falta y las posibles causas.

• Actuar ante una situación que atentara en contra de lo que se encontraba previsto.

Este proceso que inicialmente era una actividad intuitiva, fue perfeccionándose gradualmente y con el tiempo evolucionó a modelos que reforzarían su carácter racional y por lo tanto han ido profundizando y refinando sus mecanismos de funcionamiento y formas de ejecución, hasta convertirse en sistemas que, adaptados a características concretas y particulares, han pasado a formar parte elemental y punto de atención de cualquier organización.

Con el desarrollo de la sociedad y de los sistemas de producción influenciados por el desarrollo científico técnico y las revoluciones industriales, la forma de enfrentar situaciones objetivas ha exigido una mayor profundidad de análisis y conceptos para asumir funciones o desempeñar papeles determinados y mantener al menos un nivel de competencia que permita sobrevivir. Derivados de este proceso surgen ideas y términos como la gestión y todo lo que ella representa.

La gestión está caracterizada por una visión más amplia de las posibilidades reales de una organización para resolver determinada situación o arribar a un fin determinado. Puede asumirse, como la "disposición y organización de los recursos de un individuo o grupo para obtener los resultados esperados". Pudiera generalizarse como una forma de alinear los esfuerzos y recursos para alcanzar un fin determinado.

Los sistemas de gestión han tenido que irse modificando para dar respuesta a la extraordinaria complejidad de los sistemas organizativos que se han ido adoptando, así como a la forma en que el comportamiento del entorno ha ido modificando la manera en que incide sobre las organizaciones. Para lograr definir, por tanto, lo que se ha dado en llamar "Control de Gestión", sería imprescindible la fusión de lo antes expuesto con todo un grupo de consideraciones y análisis correspondientes sobre el control. En todo este desarrollo, el control ha ido reforzando una serie de etapas que lo caracterizan como un proceso en el cual las organizaciones deben definir la información y hacerla fluir e interpretarla acorde con sus necesidades para tomar decisiones.

El proceso de control clásico consta de una serie de elementos que son:

Establecimiento de los criterios de medición, tanto de la actuación real como de lo deseado. Esto pasa por la fijación de cuáles son los objetivos y cuantificarlos; por determinar las áreas críticas de la actividad de la organización relacionadas con las acciones necesarias para la consecución de los objetivos y por el establecimiento de criterios cuantitativos de evaluación de las acciones en tales áreas y sus repercusiones en los objetivos marcados. Fijación de los procedimientos de comparación de los resultados alcanzados con respecto a los deseados.

Análisis de las causas de las desviaciones y posterior propuesta de acciones correctoras.

La principal limitante de este enfoque sobre el control radica en que las acciones correctivas se tomarán una vez ocurrida la desviación (a posteriori), por el hecho de no encontrarse previamente informados y preparados para evitar la posible desviación.

Además, presenta otras limitantes que lo hace poco efectivo ante las necesidades concretas de la organización, que requieren un análisis más detallado, en cuanto a su relación con el entorno, características de la organización, carácter sistémico y valoración de aspectos cualitativos los cuales se denominarán en lo adelante factores no formales del control.

Uno de los aspectos más importantes que ha de caracterizar al control como proceso, lo constituye el hecho de que el mismo se diseñe con un enfoque sistémico, por lo que resulta de gran importancia esclarecer los conceptos a él asociados.

Es preciso comenzar entonces por el concepto de Sistema, visto esto como un conjunto de elementos interrelacionadas entre si, en función de un fin, que forman un todo único y que posee características nuevas que no están presentes en cada uno de los elementos que lo forman.

Cada elemento que conforma un sistema tiene una función específica bien definida y la obligación de cumplirla y contribuir de forma sinérgica al correcto funcionamiento y, en definitiva, alcanzar el objetivo determinado. En una organización, solamente esto le permitirá sobrevivir.

Puede hablarse, entonces, de un Sistema de Control, como un conjunto de acciones, funciones, medios y responsables que garanticen, mediante su interacción, conocer la situación de un aspecto o función de la organización en un momento determinado y tomar decisiones para reaccionar ante ella.

Los sistemas de control deben cumplir con una serie de requisitos para su funcionamiento eficiente:

• Ser entendibles.

• Seguir la forma de organización.

• Rápidos.

• Flexibles.

• Económicos.

Cada parte de este sistema debe estar claramente definida e integrada a una estructura que le permita fluir y obtener de cada una la información necesaria para el posterior análisis con vistas a influir en el comportamiento de la organización. Habría que agregar a la definición brindada dos factores importantes.

• El proceso de control debe contar con una definición clara de cada centro de información. (Centro de responsabilidad).

• Debe tener bien definido qué información es la necesaria y cómo se recogerá, procesará y llevará a la dirección para la toma de decisiones.

El sistema de control debe estar soportado sobre la base de las necesidades o metas que se trace la organización. Estas metas pueden ser asumidas como los objetivos que se ha propuesto alcanzar la organización y que determinan en definitiva su razón de ser. El hecho de que el sistema de control se defina y oriente por los objetivos estratégicos de una organización, le otorga un carácter eminentemente estratégico, pues estará diseñado para pulsar el comportamiento de las distintas partes del sistema en función del cumplimiento de esos objetivos y a la vez aportará información para la toma de decisiones estratégicas.

Cada objetivo debe estar debidamente conformado y ajustado a las características del entorno y a las necesidades objetivas y subjetivas de la organización. El seguimiento de la evolución del entorno permite reaccionar, y reajustar si es necesario, la forma en que se lograrán esas metas planteadas e incluso replantearlas parcial o totalmente. Para lograrlo es necesario que el Sistema de Control funcione de tal forma que permita obtener la información necesaria y en el momento preciso.

Debe permitir conocer qué está sucediendo alrededor y tomando como base las vías escogidas para llegar al futuro (Estrategias), conocer la reacción a esos cambios externos. Muchas veces, los cambios externos exigen cambios internos y se hace imprescindible conocer cómo y cuándo cambiar.

El futuro no se puede prever en los términos en los que hasta ahora lo hemos entendido, sino que es necesario inventárselo. Nunca saldremos de lo que somos, personal y organizacionalmente, si no visionamos, al menos como imagen, lo que deseamos ser y trabajamos y luchamos por ello. De allí la importancia fundamental de la planificación y la efectiva determinación de objetivos estratégicos.

Un sistema de control con un enfoque estratégico, debe ser capaz de medir el grado de cumplimiento de esos objetivos. Se hace necesario, entonces, identificar un grupo de indicadores, cuantitativos y cualitativos que expresen el nivel y la calidad del cumplimiento de cada objetivo.

A continuación, se presentan algunos de los aportes que se han realizado a los sistemas de control en el mundo organizacional.

Según Gerry Johnson y Kevan Acholes: "a menudo los directivos tienen una visión muy limitada de en qué consiste el control directivo de un contexto estratégico."

Ambos consideran los sistemas de control en dos grandes categorías:

Sistemas de información y medición: Sistemas financieros, indicadores, etc.

Sistemas que regulan el comportamiento de las personas.

Otros autores establecen momentos por los cuales debe atravesar cualquier sistema de control. Para Harold Koontz y Heinz Weihroh todo sistema de control debe atravesar por éstas tres etapas:

"Establecimiento de estándares y puntos críticos. Medición del desempeño. Corrección de las desviaciones."

Este fundamento es muy parecido en general al concepto clásico de control. Ambos conceptos defienden y fundamentan lo siguiente:

El establecimiento de estándares y puntos críticos, permite a la dirección orientarse directamente sobre indicadores que le informen sobre la situación (a priori o a posteriori) de la organización. Los planes facilitan la comparación con lo que se ha logrado, pero atentan en contra de la innovación. En este punto se incluye la determinación de los objetivos que se traza la organización para su superación, pero la poca flexibilidad en el mayor de los casos solo les permite sobrevivir.

En cada microentorno u organización, existe una serie de aspectos que son especialmente importantes y de los cuales depende, en última instancia, su posición competitiva. Esta valoración, permite tener una idea de qué y cuáles son los puntos críticos de la organización. Algunos autores definen estos aspectos cómo variables clave, mediante las cuales se debe expresar el funcionamiento interno y la proyección de la organización. (Véase Indicadores y centros de responsabilidad.)

En base a estos indicadores, se puede medir de forma cuantitativa el comportamiento de los componentes de la organización, lo que se define cómo medición y evaluación del desempeño.

Se considera que la evaluación del desempeño debe hacerse con un enfoque multidimensional, y medirse a través de criterios como estabilidad, eficiencia, eficacia y mejora del valor, para los cuales, si se toman como referencia estándares normados o planificados, expresarán el nivel de Efectividad y si se toma como punto de partida la competencia, entonces expresarán el nivel de competitividad de la organización. No basta con determinar los criterios para hacer una correcta evaluación del desempeño, también se requiere de una interacción armónica entre objetivos, estrategias, indicadores. Esto permite hacer análisis cualitativos y hacerlo en función de los objetivos globales y en los procesos locales para hacer posible el análisis de las causas raíces del nivel de desempeño alcanzado por la organización en general.

Después de efectuada la comparación entre los indicadores y el real, se analizan las causas de las desviaciones y se toman medidas para corregir el comportamiento, lo que en organizaciones flexibles y que abiertas al cambio, podría implicar incluso reorientar el rumbo de la gestión.

Para Menguzzato y Renau, existe un grupo de variables que recogen toda la información necesaria para fijar el valor esperado y compararlo con la salida del sistema.

Variables esenciales: de gran importancia en el funcionamiento del sistema y están ligadas (o representan incluso) a los objetivos del sistema.

Variables de acción: pueden ser manipuladas por otro sistema o por un operador y tienen como misión regular el funcionamiento del sistema.

Todas estas ideas se cristalizan en sistemas de control diseñados en dependencia de la cultura organizacional o de las características del entorno, objeto social o simplemente sus necesidades.

El control de gestión.

Las condiciones en que se compite en la actualidad por acceder a los recursos necesarios, por reducir gastos y costos, por aumentar la calidad de los productos y servicios, y el colosal desarrollo de las comunicaciones y el transporte, han modificado la forma de actuar e interactuar de las organizaciones. Los procesos de dirección han evolucionado, de igual forma, a un sistema superior.

Estos y otros factores hacen del concepto clásico de control, solo un elemento de consulta. El Control de Gestión actual es una muestra de ello. Al principio (1978), se consideraba el Control de gestión, como una serie de técnicas tales como el control interno, el control de costos, auditorías internas y externas, análisis de ratios y puntos de equilibrio, pero el control presupuestario constituía y aún para algunos constituye el elemento fundamental de la gestión.

La ambigüedad de este concepto se debe a que ha sido sometido a muchas modificaciones propias de su evolución, con el objetivo de aportarle elementos que lo aparten de su aspecto esencialmente contable y a corto plazo.

Anthony R. lo considera, acertadamente, "como un proceso mediante el cual los directivos aseguran la obtención de recursos y su utilización eficaz y eficiente en el cumplimiento de los objetivos de la organización." Véase que, en estos casos, la contabilidad de Gestión no es más que otro mecanismo de control disponible.

El sistema de control de gestión está destinado a ayudar a los distintos niveles de decisión a coordinar las acciones, a fin de alcanzar los objetivos de mantenimiento, desempeño y evolución, fijados a distintos plazos, especificando que si los datos contables siguen siendo importantes, está lejos de tener el carácter casi exclusivo que se le concede en muchos sistemas de control de gestión.

Para Joan Ma. Amat, el Control de Gestión es: "el conjunto de mecanismos que puede utilizar la dirección que permiten aumentar la probabilidad de que el comportamiento de las personas que forman parte de la Organización sea coherente con los objetivos de ésta."

Este concepto propone una nueva dimensión del control de gestión, pues no solo se centran en el carácter contable y a corto plazo de éste, sino que reconocen la existencia de otros factores e indicadores no financieros que influyen en el proceso de creación de valor, ya sea en productos o servicios, y se enfocan sobre la base de la existencia de objetivos propuestos a alcanzar.

Se le incorpora un balance periódico de las Debilidades y Fortalezas, un análisis comparativo e Inter organizaciones, el uso del Cuadro de Mando como mecanismo de control y flujo de información.

Otra filosofía de perfeccionamiento del sistema de gestión está destinada a poner de manifiesto las interrelaciones entre los procesos humanos y el sistema de control, utilizando para ello, factores no formales del control, los cuales han cobrado gran importancia en los últimos años.

No obstante, este desarrollo, aún pueden identificarse un conjunto de limitaciones del Control de Gestión entre las que se pueden mencionar:

Acerca de lo que debería ser el contenido de un sistema de control de gestión.

La complejidad de la organización y de su entorno no se ve reflejada en la complejidad del sistema del control de gestión.

El control no establece una relación entre la evaluación de planes y presupuesto y a la evaluación de las estrategias que pueden volverse obsoletas ya que, dada la turbulencia del entorno, el marco de referencia en el cual se inscriben los planes y presupuestos no es inalterable.

No tiene en cuenta tanto la dimensión estratégica como la financiera. El equilibrio financiero no siempre garantiza competitividad, lo que significa que es necesario:

Tener en cuenta que un control volcado hacia los resultados a corto plazo puede comprometer la competitividad a largo plazo.

Que es importante tener un doble presupuesto (uno estratégico y uno operativo).

Que el enfoque debe ser anticipador, por lo turbulento que es el entorno.

Es así como los diseños más recientes de los procesos y sistemas de Control de Gestión están caracterizados por cinco aspectos, que retoman de los procesos de control precedentes por ser derivado de ellos.

El proceso de control de gestión, por tanto, partiendo de la definición clásica del control, retomando criterios de otros autores y ajustado a las necesidades actuales de gestión de información y añadiendo elementos no formales de control pudiera plantearse en cinco puntos:

Conjunto de indicadores de control que permitan orientar y evaluar posteriormente el aporte de cada departamento a las variables claves de la organización.

Modelo predictivo que permita estimar (a priori) el resultado de la actividad que se espera que realice cada responsable y/o unidad.

Objetivos ligados a indicadores y a la estrategia de la organización.

Información sobre el comportamiento y resultado de la actuación de los diferentes departamentos.

Evaluación del comportamiento y del resultado de cada persona y/o departamento que permita la toma de decisiones correctivas.

Para Amat, "en función de la combinación de mecanismos que utilice una organización para adaptarse al entorno y facilitar el control interno, se pueden considerar cuatro tipos de sistemas de control: Familiar (o de Clan), Burocrático (o de formalización del comportamiento), por Resultados (o de mercado) y Ad-hoc (o de Network)." Muchos autores acostumbran a asociar el control por resultados con el control de gestión. El hecho de que, por sus características, muchas organizaciones no utilicen este sistema sino otro, no implica que no realicen control de gestión.

La preferencia por un sistema u otro estará influenciada por la dimensión de la organización, el grado de centralización de las decisiones, la posibilidad de formalizar la actividad, las características personales y culturales de la organización y el comportamiento y las características del entorno.

Cuanto mayor es la centralización se reduce la necesidad de utilizar mecanismos formalizados de control para facilitar el proceso de decisión. A media que la organización sea mayor será necesario especificar los procedimientos para proceder a la delegación de las tareas a los niveles inferiores.

A medida que disminuya la centralización, más necesario será tener un sistema de control formalizado. Por otra parte, a medida que la interdependencia entre unidades organizativas es más elevada, ya sea mediante mecanismos formales o informales, la importancia y necesidad de un sistema formalizado, y en particular, de una Contabilidad de gestión como sistema de control se reduce.

El proceso de control para la gestión está basado, por tanto, en mecanismos de control relacionados tanto con aspectos cuantificables, derivados de un presupuesto o de un plan, basados en objetivos planteados y en sistemas de controles específicos como control interno, de calidad, etc.; como con aspectos ligados al comportamiento individual e interpersonal.

Estos mecanismos son diferenciados y tratados como mecanismos formales (planificación estratégica, estructura organizativa, contabilidad de gestión) y mecanismos no formales de control (mecanismos psicosociales que promueven el auto control y los culturales que promueven la identificación).

La estrategia y la estructura de la organización como puntos de partida del funcionamiento de los sistemas de control estratégico para la gestión.

Para adecuar su funcionamiento interno a las exigencias del entorno, las organizaciones definen su política organizacional de la manera más conveniente, para aprovechar las oportunidades que les brinda el entorno y de acuerdo con sus capacidades y recursos, mantener su competitividad (estrategia empresarial) para lo cual se estructuran y coordinan sus elementos de una determinada forma (estructura organizativa).

Luis Gaj ofrece una apreciación desde el punto de vista de varios estudiosos de renombre sobre el tema de la estrategia. Henry Mintzberg define la estrategia como: "una forma de pensar en el futuro, integrada al proceso decisorio; un proceso formalizado y articulador de los resultados, una forma de programación." A ello, Snynder y Gluck, añaden que la tarea estratégica es principalmente de planeación como forma de ver el todo antes de ver sus partes. Igor Ansoff, por su parte, explica la estrategia en: dónde, cuándo, cómo y con quién hará la empresa su negocio.

La estrategia se aplica igualmente a grandes o pequeñas organizaciones, aquellas con fines lucrativos o que tengan un carácter estatal y presupuestado. Otra concepción sitúa a la estrategia como un instrumento de dirección de organizaciones, no necesariamente un plan, sino más bien un comportamiento maduro para mantener la organización en equilibrio con su entorno, conociendo y utilizando los recursos disponibles.

Todas estas formas de ver la estrategia son aquí separadas con el propósito de facilitar la comprensión de aspectos relevantes, sin embargo, se pueden mezclar proporcionando lo que pudiera llamarse una postura consciente de adecuación situacional a los cambios del entorno, teniendo un aspecto común que es la futuridad de las decisiones corrientes, aunque no es sinónimo de éxito, lo que significa que requiere de ingredientes adicionales que la conviertan en un instrumento para evitar el fracaso provocado por la obsolescencia tecnológica o de conocimiento e inadecuación ambiental.

Como es de suponer existe una estrecha relación entre estrategia y estructura, la cual se produce por una interdependencia, ya que, si para poner en práctica una estrategia con éxito se supone que la estructura deberá adaptarse a ella, entonces toda estructura existente influirá, en gran medida, en la estrategia que se diseñará; o sea, la estrategia es un producto influenciado por la estructura preexistente que genera a su vez una nueva estructura.

Por todo lo anterior, el diseño de un sistema de control para la gestión de una organización ha de ser coherente con la estrategia y la estructura de ésta, como aspectos formales, así como con los aspectos no formales que forman parte del proceso de gestión. Esto podrá garantizar con una mayor probabilidad, que el funcionamiento y los resultados que se obtienen de las decisiones adoptadas, estén relacionados y sean consistentes con los objetivos de la organización. De allí que los sistemas de control de gestión que se diseñen, deben estar ligados a la formulación de la estrategia de la organización, al diseño de su estructura y a los aspectos no formales vinculados a los estilos y métodos de dirección que posibiliten adecuados procesos de toma de decisiones y a la identidad que se logre en la organización, asimilando instrumentos y mecanismos que le permitan salvar las limitaciones que como sistema de control no le permite cumplir su función con eficiencia y eficacia.

Producto de que un sistema de control eficaz debe diseñarse en función de la estrategia y la estructura, la formulación de objetivos organizacionales ligada a la estrategia es el punto de partida del proceso de control.

El tipo de estrategia (Liderazgo, costos, etc.) y de estructura (centralizada o descentralizada, funcional, etc.) que tiene una organización condicionan las características de un sistema de control. La adaptación de sistemas contables a las necesidades de información estratégica puede facilitar la toma de decisiones al permitir cuantificar y seleccionar las diferentes variantes estratégicas.

El sistema de control debe diseñarse sobre la base del tipo de estrategia al que se orienta la organización. Por otra parte, la planificación financiera debe estar integrada con la estrategia a largo plazo, por lo que los presupuestos anuales serán un reflejo de ella y permitirán orientar tanto la actuación de los centros de responsabilidad como la evaluación del desempeño de los diferentes responsables.

Vínculos del sistema de control con la estructura organizativa.

La definición y claridad de la estructura organizativa es básica para poder diseñar el sistema de control. En particular, el grado de formalización y de centralización, así como el tipo de estructura organizativa condicionan las características del sistema de control.

En primer lugar, a medida que la incertidumbre y la complejidad de la actividad aumentan, mayor dificultad existe en la formalización mediante procedimientos. Así, se necesitará mayor o menor supervisión directa, las actividades serán rutinarias o no, los sistemas de gestión serán poco o muy formalizados, se valorará en mayor o menor medida la información contable y su papel en el proceso de control, etc. En segundo lugar, cuando mayor sea la descentralización, más costoso y difícil será ejercer el control y más necesario será tener un sistema de control formalizado, adecuado además para poder controlar las variables concretas en las que puede incidir la gestión descentralizada en los responsables.

En tercer lugar, el tipo de estructura organizativa influirá igualmente en el sistema de control según la organización adopte una estructura funcional, divisional o matricial. Por último, será muy importante definir claramente el poder de decisión que se transfiere a cada responsable en cada centro y además que el sistema de control esté integrado con la estructura organizativa de forma que los indicadores se definan en función de ella y los presupuestos y la evaluación del desempeño de cada centro se realicen en función de sus responsabilidades.

Indicadores y Centros de Responsabilidad.

La formulación de la estrategia y del diseño de la estructura permite determinar objetivos específicos para cada uno de los diferentes centros de responsabilidad.

La descentralización supone dividir la organización en diferentes unidades organizativas y otorgar una mayor responsabilidad a las personas encargadas de gestionar en cada unidad. Esto permite que la dirección pueda delegar las operaciones del día a día y concentrarse en tareas de carácter más estratégico.

Desde la perspectiva del control de cada organización es necesario identificar las características de cada centro de responsabilidad (personas, funciones, jerarquía, responsabilidades, grado de descentralización de las decisiones, relación con otras unidades, mecanismos de coordinación) para realizar su control pues éste debe realizarse en función de su grado de responsabilidad en las variables de decisión que afectan el resultado y que por tanto están bajo su influencia.

Los centros de responsabilidad desde la perspectiva del control:

Facilitan la comunicación y negociación de objetivos.

Clarifican las responsabilidades de cada centro en el proceso de decisión.

Estimulan la motivación y la iniciativa.

Facilitan la evaluación de la actuación de cada responsable y de la identificación de problemas.

Al ser determinados y coordinados los centros de responsabilidad, se pueden establecer indicadores que permitan:

Establecer los objetivos iniciales de las diferentes unidades.

Medir, y evaluar a posteriori, el comportamiento y el grado de cumplimiento de las actividades y responsabilidades de cada centro.

Diseñar el sistema de información que facilite la toma de decisiones y el control.

Facilitar la definición de los objetivos al concentrarse en ésta los indicadores.

Medir la contribución de cada centro al resultado.

Evaluar la actuación de cada responsable.

Esto se realiza a través de la identificación de las variables claves de cada centro y de la organización en su conjunto.

Como se planteó anteriormente las variables clave son aspectos de decisiva importancia en el funcionamiento interno y externo de cualquier organización. Apuntan a parámetros determinados, los cuales son concebidos a través o en función de ellas y garantizan, en su correcta consecución, mantener en equilibrio el funcionamiento interno y externo de la organización por lo que en ellas debe centrarse el proceso de control. Así, por ejemplo, la competencia no es una variable clave, pero sí lo son el precio de venta, el servicio o la calidad con que se ofrezcan los productos. Se entiende por variable clave, aquellas áreas o actividades que de realizarse bien garantizan el éxito de una unidad y por tanto la consecución de sus objetivos.

La capacidad de seleccionar estos puntos críticos de control es una de las habilidades de la administración, puesto que de ello depende el control adecuado. En relación con esto, los directores tienen que hacerse preguntas como estas:

¿Qué reflejará mejor las metas de mi departamento? ¿Qué me mostrará mejor cuando no se cumplen estas metas? ¿Qué medirá mejor las desviaciones críticas? ¿Qué me dirá quién es el responsable de cualquier fracaso? ¿Qué estándares costarán menos? ¿Para qué estándares se dispone, económicamente, de información?

La definición de las variables claves facilita el diseño del sistema de indicadores de control y su medición.

Es muy importante el que estos indicadores sean financieros (ventas, margen beneficio, endeudamiento, tesorería) y no financieros (cuota de mercado, fidelidad de los clientes, iniciativa, creatividad, imagen externa de la organización, etc.) para que puedan representar al máximo las características y particularidades del proceso.

Los sistemas de control para una gestión estratégica, eficiente y eficaz.

De todo lo planteado hasta aquí se infiere que los sistemas de control para garantizar una gestión verdaderamente eficiente y eficaz deben contar con un grupo de características que lo despeguen de su carácter netamente contable y operativo.

Ma. Isabel González, define eficiencia como una "simple relación, entre las entradas y salidas de un sistema"; magnitudes como la productividad son representativas desde este punto de vista. Otros autores asocian la eficiencia el hecho de alcanzar sus objetivos optimizando la utilización de sus entradas. Este punto de vista obliga al anterior a considerar que la salida se ajusta a lo programado y por tanto la organización es al mismo tiempo eficaz.

Menguzzato y Renau asocian la eficiencia a la relación entre recursos asignados y resultados obtenidos, y la eficacia a la relación resultados obtenidos y resultados deseados.

Si se ajustan estas observaciones al sistema, hay que centrarse en el modo de lograr eficiencia y eficacia, no en la gestión sino en el proceso propio de control de esa gestión.

Precisamente, en los aspectos propuestos para superar las limitaciones del control de gestión, estará la vía para alcanzar ciertos niveles de efectividad en el proceso al contar con un carácter sistémico, un enfoque estratégico, y no sólo alcanzar los aspectos formales, sino que se le ofrece un peso significativo a los aspectos no formales del control. Es por ello que el sistema debe plantear la utilización de los diferentes aspectos que completan un sistema de control para que pueda medir verdaderamente la eficiencia y la eficacia de la gestión.

Los aspectos propuestos para otorgarle al sistema medios de medición eficientes y eficaces de la gestión estarán vinculados con los aspectos no formales del control y los cuadros de mando, asumiendo, como es evidente, la previa existencia de los aspectos formales del control.

Partiendo de la base de objetivos efectivos, predefinidos para un período determinado y que contemplen un verdadero reto para la organización, y los caminos propuestos para llegar a ese futuro planteado, el sistema de control debe tener su base en una estructura definida para:

Agrupar bajo un criterio de similitud en sus funciones a departamentos que participen directamente en la actividad fundamental.

Agrupar o diferenciar otros departamentos que sirven de apoyo directo a la actividad fundamental.

Departamentos o centros de responsabilidad que participen directamente en otras actividades que estén contempladas en los objetivos globales. Estos centros pueden formar parte o no de los de la actividad fundamental.

Estos elementos garantizarán un nivel de descentralización que, como se ha descrito, necesitará un control más formalizado, pero este proceso dependerá en gran medida, del grado de formalización que permita la actividad fundamental.

Aspectos no formales del control.

Al definir objetivos individuales, fase posterior jerárquicamente a la definición de los objetivos globales de la organización, el proceso estará enfocándose hacia el control de la actividad individual de cada departamento y cómo está influyendo en los objetivos globales de la organización. Esto le da al departamento la libertad de programarse su propio sistema de control, adaptado, por supuesto, al sistema central. Es necesario recordar que, por sus características, son utilizados aquí los términos área, centro y departamento indistintamente.

El análisis anterior demuestra la importancia de la cultura organizativa y la integración y motivación del personal como factores no formales del control, para la eficacia en el proceso. Tanto los sistemas de dirección y de control como el comportamiento individual y organizativo son, en gran parte, una expresión de la cultura organizativa y son el resultado de la interacción dentro de la organización de diferentes personas y grupos que presentan diferentes creencias, valores y expectativas.

Otro aspecto vinculado con el comportamiento humano está relacionado con los incentivos que han de estar asociados a un buen o mal resultado. Un sistema de control financiero puede promover un comportamiento contrario al deseado si no está adaptado a las personas que forman parte de la organización y sus necesidades.

El comportamiento individual estará relacionado con las características de su diseño (tipos de indicadores de control que se utilizan, tipos de incentivos con los que se premia o sanciona el resultado, características del sistema de información), la forma en que se implanta (consideración de las expectativas personales en el nuevo diseño, compromiso de dirección en el nuevo sistema, actuación de los responsables de la implantación ante las personas afectadas) o el estilo con el que se utiliza el sistema (flexibilidad para realizar la planificación o la evaluación, rigidez para ceñir el comportamiento individual al sistema, presión para el cumplimiento, participación en el proceso de planificación y evaluación, estímulos a la autonomía).

Una vez establecidos los puntos de atención del control, variables clave, puntos críticos, indicadores globales y particulares, es necesario, para poder medir de forma eficiente el funcionamiento del sistema de control, el uso de una herramienta que sea capaz de recoger toda la información disponible, jerarquizarla, certificarla y ofrecerla a la dirección para la toma de decisiones.

En la actualidad, existen varias herramientas que, en dependencia de las características de la actividad, de la estructura organizativa y de los medios con que cuenta la organización pueden ser preferidos en mayor o menor medida.

El método OVAR, por ejemplo, desarrollado en Francia en la década del 80, permite actuar sobre los sistemas de información de gestión de los resultados de una organización. Permite focalizar los aspectos esenciales sobre los que hay que actuar. Este método se concentra básicamente en actividades productivas que generen utilidades como resultado de su actividad y para la cual se destina su gestión, pero su aplicación puede extenderse a otros sectores de la vida económica.

3.3 Diferentes tipos de estructura organizacional

Las estructuras definen, en gran medida, los métodos y procedimientos internos de las organizaciones. No son sólo organigramas plasmados en un papel; por el contrario, son como el ADN que está impreso en cada sección, nivel, departamento o escalafón. Para empezar, en ellas se reflejan los grados de autoridad y responsabilidad, así como la interacción entre las distintas jerarquías de las empresas.

En un plano general, es muy común hablar de dos tipos de estructuras: centralizadas, aquellas en las que sobresalen las figuras y los cargos directivos por encima del resto de integrantes; y descentralizadas, en las que dichos cargos delegan las responsabilidades en niveles intermedios o bajos.

No obstante, ante la necesidad de optimizar los procesos internos, en la actualidad son varios los tipos de estructuras que se aplican tanto a empresas grandes como a las que recién comienzan su andadura en su respectivo sector comercial.

Una estructura puede variar en función de varios aspectos, por ejemplo, el número de integrantes de las empresas, la naturaleza del servicio o producto, el modelo directivo, los tipos de procesos, entre otros. Veamos algunos de ellos y los rasgos principales que las hacen más atractivas en un caso o en otro.

1. **Estructura funcional:**

- Su objetivo es cubrir las necesidades de distintos niveles jerárquicos, al frente de cada uno de los cuales está un especialista o jefe de sección.
- Dentro de este sistema de empresa, prima la especialización y el trabajo enfocado a objetivos concretos. Es decir, combate la multiplicidad de funciones.
- Sin embargo, eso no evita que los integrantes de los equipos reciban órdenes de varios jefes o encargados, con lo cual la comunicación puede hacerse difícil. De hecho, uno de los riesgos de este modelo es la creación de ambientes poco estables.

2. Estructura jerárquica:

- Es una de las más utilizadas, tanto en medianas como en grandes empresas. Consiste en la creación de pequeñas dependencias que son supervisadas por uno o varios cargos superiores; en éstos recae la toma de decisiones.
- Es ideal para organizaciones que carezcan de unidad de mando. Pero cuidado: puede dar lugar a una excesiva concentración de la autoridad y el poder.

3. Estructura en línea (staff):

- Se trata de un novedoso modelo que combina las relaciones de autoridad directa con el asesoramiento que ejercen agentes externos a la empresa.
- Los consultores o asesores son un buen ejemplo del modelo staff. Éstos suelen suplir necesidades que las compañías no pueden cubrir por sí mismas. La autoridad nunca se ve amenazada y las actividades tienden a optimizarse en tiempos y recursos.

4. Estructura matricial:

- Este modelo se basa en la agrupación de recursos y materiales para tareas específicas o proyectos. Una vez finalizados, la estructura suele disolverse.

- Los integrantes de los equipos pueden pertenecer o no a la organización. Tienen dos jefes: uno general y otro que ejerce como responsable de la labor específica.
- La estructura matricial es perfecta para una gestión eficaz de los recursos. Además, es un ingrediente para la motivación y el fortalecimiento de los equipos.

3.4 Concepto de capacidades organizacionales

Las capacidades organizacionales se refieren al potencial que tienen las empresas para conducirse, adaptarse y cambiar, siempre que sea necesario, para crecer y ser más competitivas. La capacidad organizacional coadyuva a elaborar e implementar las prácticas que una empresa requiere para optimizar sus procesos y darle prioridad a aquellas acciones que la mantengan un paso adelante de sus competidores.

Esta capacidad encauza al talento humano a encontrar las mejores soluciones para mantener activa y posicionada en el mercado a la empresa en la que laboran. Las capacidades organizacionales de una empresa es la suma de las competencias de cada uno de sus colaboradores y permite que sus equipos de trabajo se desarrollen en un ambiente en el que los proyectos se llevan a cabo con excelencia y calidad.

La capacidad organizacional de una empresa habla de su identidad y personalidad, por lo cual, es importante que los negocios tengan una misión clara y objetiva que guíe los esfuerzos de sus trabajadores a alcanzar las metas que precise la organización para su expansión. Las empresas competitivas no sólo deben procurar eficiencia en sus procesos internos, sino que deben trasladarla a la generación de valor en aquello que venden. La capacidad organizacional de una empresa impulsa a sus colaboradores a crear nuevos productos y servicios, y a encontrar los escenarios adecuados para su lanzamiento.

Para ello, crean atractivas propuestas que fidelizan a los clientes con su marca. También buscan mejores alternativas para mantener de forma sostenible a dicha empresa. Es fundamental que las áreas de Gestión de talento de las empresas logren alinear las capacidades y habilidades de los empleados con la estrategia comercial de la organización; que tengan presente que la base de la capacidad organizacional de una empresa son las competencias que tienen sus colaboradores, y que éstas son un factor diferenciador que hace que los consumidores vean a un producto o servicio como primera opción en un determinado sector.

Una adecuada gestión del Capital humano facilita que los trabajadores de una empresa tengan un mayor compromiso con la misma y que logren desarrollar al máximo sus competencias.

Con esto, las capacidades organizacionales hacen posible el incremento de la productividad y la innovación en una organización. Cuando una empresa consigue mezclar las habilidades de sus colaboradores con los recursos que posee, despliega capacidades organizacionales que van a ayudar a cumplir los objetivos que se haya trazado y responder a los requerimientos comerciales de su entorno. Las capacidades organizacionales son claves para el cumplimiento de los planes estratégicos de las empresas, además, hacen posible que generen ventajas diferenciadoras frente a su competencia, que respondan de una manera más efectiva a las tendencias del mercado y a estructurar respuestas oportunas que garanticen su permanencia. Ten presente que, en el mundo de los negocios, las cosas importantes no son hechas por una sola persona, son hechas por un grupo de personas.

Importancia de las capacidades organizacionales.

Esta capacidad encauza al talento humano a encontrar las mejores soluciones para mantener activa y posicionada en el mercado a la empresa en la que laboran. Las capacidades organizacionales de una empresa es la suma de las competencias de cada uno de sus colaboradores y permite que sus equipos de trabajo se desarrollen en un ambiente en el que los proyectos se llevan a cabo con excelencia y calidad.

La capacidad organizacional de una empresa habla de su identidad y personalidad, por lo cual, es importante que los negocios tengan una misión clara y objetiva que guíe los esfuerzos de sus trabajadores a alcanzar las metas que precise la organización para su expansión. Las empresas competitivas no sólo deben procurar eficiencia en sus procesos internos, sino que deben trasladarla a la generación de valor en aquello que venden.

La capacidad organizacional de una empresa impulsa a sus colaboradores a crear nuevos productos y servicios, y a encontrar los escenarios adecuados para su lanzamiento. Para ello, crean atractivas propuestas que fidelizan a los clientes con su marca. También buscan mejores alternativas para mantener de forma sostenible a dicha empresa.

Es fundamental que las áreas de Gestión de talento de las empresas logren alinear las capacidades y habilidades de los empleados con la estrategia comercial de la organización; que tengan presente que la base de la capacidad organizacional de una empresa son las competencias que tienen sus colaboradores, y que éstas son un factor diferenciador que hace que los consumidores vean a un producto o servicio como primera opción en un determinado sector.

Una adecuada gestión del Capital humano facilita que los trabajadores de una empresa tengan un mayor compromiso con la misma y que logren desarrollar al máximo sus competencias. Con esto, las capacidades organizacionales hacen posible el incremento de la productividad y la innovación en una organización.

Cuando una empresa consigue mezclar las habilidades de sus colaboradores con los recursos que posee, despliega capacidades organizacionales que van a ayudar a cumplir los objetivos que se haya trazado y responder a los requerimientos comerciales de su entorno.

Las capacidades organizacionales son claves para el cumplimiento de los planes estratégicos de las empresas, además, hacen posible que generen ventajas diferenciadoras frente a su competencia, que respondan de una manera más efectiva a las tendencias del mercado y a estructurar respuestas oportunas que garanticen su permanencia.

Ten presente que "En el mundo de los negocios, las cosas importantes no son hechas por una sola persona, son hechas por un grupo de personas." Steve Jobs.

Solución de problemas complejos.

Poseer una capacidad no se puede atribuir a una organización, a menos que haya resuelto problemas desafiantes y, en consecuencia, haya logrado sobrevivir. La complejidad tiene que ver tanto con la incertidumbre y sofisticación que caracterizan las situaciones problema que enfrenta la organización como con la toma de decisiones bajo estas circunstancias.

Solucionar un problema se define como la generación de combinaciones complejas de cogniciones y acciones habituales que permite ubicar los recursos necesarios y combinarlos de una manera efectiva. Dado el carácter emergente de una capacidad, el proceso combinatorio que ésta implica no siempre es transparente y analíticamente entendible; por el contrario, se describe como un fenómeno social misterioso.

Uso habitual y efectivo.

El concepto de capacidad organizacional está vinculado a dos términos: acción y desempeño. Una organización posee una capacidad cuando hace algo que es apreciado, y lo hace de manera efectiva comparado con otras organizaciones menos capaces de obtener una solución efectiva.

Un caso de desempeño efectivo aislado en el escenario de una situación problemática no implica que una organización posea ya una capacidad para solucionar dicho problema; se requiere la existencia de patrones de acciones habituales y recurrentes; es decir, de rutinas que constituyen una de las bases sobre la cual se construyen las capacidades.

Confiabilidad y tiempo.

Las capacidades representan un patrón de acción confiable; es decir, un conjunto de actividades no puede ser calificado como una capacidad a menos que muestre ser efectivo frente a variadas situaciones problemáticas, y sea reproducido en diferentes momentos en el tiempo. Un hecho específico puede disparar el proceso de construcción de una capacidad, pero esta no será constituida hasta que un conjunto de prácticas confiables haya tomado forma a lo largo del tiempo.

Una capacidad es un concepto enraizado en la historia de la organización, e implica la integración de experiencias pasadas para la solución de problemas actuales, y la orientación de decisiones futuras.

Una capacidad se genera a partir de un evento inicial que dispara una cadena de reacciones que, en conjunto, delinean la trayectoria de esa capacidad. La construcción de una capacidad toma tiempo y genera interacciones sociales de diversa naturaleza, frecuencia, intensidad y duración. El tiempo es una dimensión básica en su construcción: una forma específica de seleccionar y vincular los recursos se desarrolla gradualmente frente a desafíos históricos determinados. La capacidad está vinculada a constelaciones de circunstancias específicas y, aunque se aplica a diversas situaciones problemáticas, no se aplica en todo momento ni en todos los escenarios.

3.5 Ciclo de vida de una organización

Las diversas etapas por las que pasa una empresa en su desarrollo varían de acuerdo a cada caso particular. La duración y cómo se desenvuelven en cada fase es variable. La gestión del empresario o del líder a cargo es tratar de prolongar su existencia hasta donde sea posible, aunque para muchos la idea de convertirla en una empresa inmortal es un ideal que se busca alcanzar.

Una manera interesante de analizar el desarrollo organizacional es utilizar el concepto de ciclo de vida. Las organizaciones siempre están cambiando. Nacen, crecen, envejecen y, a la larga, mueren.

La historia es similar en todas las organizaciones, el diseño organizacional, el estilo de liderazgo y los sistemas administrativos siguen una pauta muy previsible en cada fase. Las etapas del ciclo de vida de las organizaciones siguen una secuencia natural, y en cada una ocurre una crisis que obliga a pasar a la siguiente fase:

Las principales etapas del ciclo de vida de las organizaciones son las siguientes:

1. Nacimiento. Ocurre cuando un emprendedor crea o funda una organización, después de analizar ideas de sobre qué rubro de negocio empezar, definir el nombre de la empresa, evaluar presupuestos, entre otros, se decide dar inicio a las operaciones. La estructura es extremadamente simple.

Cuando la organización nace, se hace hincapié en crear un producto y en sobrevivir en el mercado. Los fundadores son emprendedores y se dedican a las actividades técnicas de producción y marketing. La organización es informal y no burocrática. El control está basado en la supervisión de los dueños. Toda la energía de la organización se dirige a la supervivencia y a la producción de un solo producto o servicio.

Algunos negocios cuentan con financiación propia, pero un gran porcentaje buscan un financiamiento bancario. Es en esta etapa donde muchas empresas no logran seguir su desarrollo debido a múltiples factores como: la falta de estudio de mercado, una mala distribución del capital, la centralización de la toma de decisiones en una sola persona, etc.

Para que no ocurra la muerte rápida o temprana de la empresa, el emprendedor deberá mantener controlados los costos. Si tiene pocos clientes estos deben estar muy satisfechos aprovechando la ventaja de la personalización o el servicio de atención más personalizado, detectando donde está la ventaja competitiva en la que se puede basar para encarar la siguiente etapa.

Crisis: necesidad de liderazgo. Cuando la organización empieza a crecer, el hecho de que haya más trabajadores ocasiona problemas de liderazgo. Los propietarios que tienen una orientación creativa y técnica se topan con problemas de administración y tienen que adaptar la estructura de la organización para dar cabida al crecimiento continuo.

2. Infancia. La organización empieza a crecer. La estructura se empieza a expandir y las responsabilidades se distribuyen entre las personas. Aumentan la especialización vertical y la horizontal.

La organización empieza a definir metas y directrices. Crea departamentos y una estructura jerárquica, especifica las atribuciones de cada puesto y divide el trabajo. Los empleados se identifican con la misión de la organización y se esfuerzan por contribuir al éxito de ésta, porque se sienten parte de la colectividad. La comunicación y el control siguen siendo informales, pero ya aparecen algunos sistemas formales. Este periodo corresponde a la juventud de la organización.

Crisis: necesidad de delegar. Cuando la nueva dirección tiene éxito, los trabajadores de los niveles más bajos se sienten limitados por el fuerte liderazgo de la directiva. Los gerentes empiezan a desear mayor libertad de acción. Cuando los gerentes no quieren delegar responsabilidad y la alta gerencia quiere garantizar que todas las áreas estén coordinadas e integradas se presenta una crisis de autonomía. La organización debe encontrar mecanismos para coordinar las áreas sin supervisión directa de la cúpula. A estas alturas la organización está entrando en su edad adulta.

3. Juventud. La organización crece gracias a su éxito. Se va haciendo cada vez más compleja y su estructura se fortalece. Surgen varios niveles administrativos en la cadena de mando (mayor especialización vertical) y el fundador empieza a tener problemas para conservar el control total del negocio.

La organización comienza a utilizar normas, procedimientos y sistemas de control. La comunicación se vuelve más formal y empiezan a ingresar especialistas, como ingenieros, profesionales en recursos humanos y otros expertos. La dirección se interesa en asuntos relacionados con planeación y estrategia, y deja las operaciones de la empresa a la gerencia media. Se crean grupos de productos y unidades descentralizadas para mejorar la coordinación. Se implantan sistemas de incentivos, basados en las ganancias, para garantizar que los gerentes se esfuercen por alcanzar los objetivos de la empresa. La nueva organización y los controles permiten que ésta siga creciendo.

Crisis: exceso de formalidades. La proliferación de sistemas y programas provoca burocratización. El personal de asesoría puede asfixiar a los gerentes de nivel medio. Las normas y los procedimientos burocráticos restringen la innovación. La organización se vuelve demasiado grande y compleja como ser administrada con programas formales.

4. Madurez. La organización se estabiliza en un tamaño y por lo general adopta una estructura más vertical haciendo los procesos más burocráticos. La tendencia de la burocracia hacia la estabilidad y la permanencia pueden llevarla al declive. Una forma de evitarlo es combatir el gigantismo mediante una reducción del tamaño de la organización y del número de empleados (downsizing).

Esta alternativa se aplica cuando la alta gerencia afronta el desafío de reducir costos y aumentar la productividad rápidamente. Otra opción es encarar las desventajas del tamaño mediante la formación de pequeñas unidades que operen con suficiente autonomía dentro del esquema global de la organización.

Las estructuras simultáneas, que combinan el diseño mecanicista y el orgánico, se utilizan para satisfacer las necesidades opuestas de eficiencia (mantener el statu quo) e innovación continua (cambio). Este método de apretar y soltar (stop-and-go) mantiene la estructura convencional y fomenta la creación de equipos multifuncionales en todas las áreas. Otra forma de crear ejes creativos es aprovechar el espíritu emprendedor de las personas y subunidades de la organización.

Las ventas continúan creciendo y se tiene un tamaño óptimo en el mercado. Aquí el objetivo es alcanzar la mayor eficiencia de costos y de procesos posible. Se mejoran los productos generando valor agregado, se cuidan los márgenes, los servicios. La atención al público es primordial para la consolidación de la imagen. Se trabaja de la mano con la tecnología para la creación de valor en los clientes y se trata de mantenerlos fidelizados y de seguir captando nuevos.

Se coopera con otras empresas para lanzar nuevos proyectos, muchos de los cuales requieren mucha inversión inicial o de un fuerte componente de investigación y desarrollo.

Con el negocio consolidado se buscará nuevas ideas, mayormente externas, a través de fusiones y/o adquisiciones de la competencia. En esta etapa los planes para crecer son menor por lo que ya no se es tan agresivo y se adopta una estrategia más bien defensiva.

Muerte de la empresa: se puede producir en cualquier etapa, ya sea al inicio o cuando está en crecimiento o en la madurez. Esto porque la empresa comete errores en la adaptación al mercado al no entender el comportamiento del público al ver que cambia y la empresa no toma ninguna acción al respecto. La tecnología es un factor clave y aquellas empresas que no pueden realizar inversiones en investigación y desarrollo están destinadas a fracasar. Asimismo, una organización que no cambia, no innova y/o es muy burocrática tiene más riesgo de morir o ser liquidada si no se toman las decisiones correctas.

Importancia del ciclo de vida de una organización

El ciclo de Vida Organización permite comprender las transformaciones que experimenta una organización como resultado natural de su crecimiento y desarrollo durante su existencia. Algunas variables que definen el ciclo de vida son el rol del emprendedor, el enfoque de la gestión y la existencia de sistemas.

Teniendo en cuenta la secuencia de las etapas, es posible entender en qué etapa la empresa se encuentra en su ciclo de vida y con ello saber si este organismo tiene problemas normales o anormales de acuerdo con cada etapa del CVO. De este modo, el modelo de Ciclo de Vida posee aplicación práctica al identificar problemas y prescribir medidas para traer la organización a la fase plenitud.

La utilización del Ciclo de Vida Organización (CVO) lleva a la organización a entender la etapa en que se encuentra y con ello definir las acciones necesarias para solucionar sus problemas. Es posible anticipar obstáculos, para llevar a la organización al equilibrio entre controlabilidad y flexibilidad.

El ciclo de vida está constituido por una serie de etapas con distintos niveles de interacción y compromiso entre la empresa y el consumidor, y representa, por tanto, una relación que va mutando a través del tiempo, de acuerdo al grado de madurez, conocimiento y confianza que ambos vayan adquiriendo. En otras palabras, el cliente va pasando por diferentes fases dentro de la relación con la empresa, y ésta debe ir comunicándose con él de manera asertiva, siempre en concordancia con la etapa en que se encuentre.

El marketing de ciclo de vida se debe entender como una estrategia de comunicación con el cliente, en la que es importante tomar en cuenta factores como la naturaleza del negocio y el conocimiento que haya podido recabar a partir del comportamiento de sus contactos. Si bien no existe una fórmula única para establecer el ciclo de vida de una empresa, sí hay una tendencia habitual que es clasificar a los individuos en función de su nivel de compromiso con la marca: prospectos, clientes nuevos, clientes maduros, inactivos o perdidos.

Aquí le explicaremos cómo identificar mejor la etapa del ciclo de vida en que se ubica cada cliente y qué tipo de comunicación y estrategia es la más adecuada a cada segmento:

Segmentación por etapas del ciclo de vida

1.- Adquirir (prospecto)

¿Quiénes son?

Personas que están interesadas en su empresa y en los productos o servicios que presta, pero aún no se han suscrito ni han comprado nada

Consejo:

Comience por presentar la empresa y lo que hace. Ofrezca al contacto incentivos que lo motiven a inscribirse o comprar. Establezca vías para que se comunique con usted a través de sitios web, landing pages o llamados a la acción en sus campañas de email marketing.

Tipos de campañas:

Lanzamiento de marca, campañas de nutrición, atraer visitas y afines.

2.- Convertir (cliente nuevo)

¿Quiénes son?

Clientes que se han suscrito o han realizado su primera compra.

Consejo:

Es su oportunidad para dar una buena impresión. No envíe demasiados mensajes, pero asegúrese de entregar información relevante que lo posicione como un referente útil. Envíe ofertas, promociones e información de valor que vayan cimentando la relación de este nuevo cliente con su empresa.

Tipos de campañas:

Mensaje de bienvenida, mensajes promocionales, encuesta de satisfacción, agradecimiento y similares.

3.- Crecer (cliente activo)

¿Quiénes son?

Personas que están conscientes de los beneficios que su empresa ofrece y, de una u otra manera, ya están sacando provecho de ellos.

Consejo:

En esta etapa es importante desarrollar estrategias de fidelización que le permitan no sólo mantener al cliente contento, sino cada vez más involucrado, de modo que, por ejemplo, le recomiende a sus amigos. Campañas de Upsell (venta escalada) y Cross-sell (venta cruzada) son una muy buena idea en esta etapa, así como también campañas del tipo "Recomiende a un amigo".

Tipos de campañas:

Newsletters, mensajes transaccionales y relacionales, saludos, venta cruzada.

4.- Retener (cliente maduro)

¿Quiénes son?

Clientes activos que han bajado su participación e involucramiento con su empresa y es necesario reencantarlos.

Consejo:

Aplique estrategias que den satisfacción a estos clientes y estimulen un aumento de su consumo en productos habituales o la adquisición de nuevos productos o servicios adicionales. Prefiera las tácticas que minimicen la fricción y aumenten la retención, para hacer crecer la rentabilidad del cliente.

Tipos de campañas:

Encuestas, invitaciones, ofertas especiales, mensajes de fidelización.

5.- Reactivar (cliente inactivo)

¿Quiénes son?

Clientes que no han reaccionado a las estrategias aplicadas en las fases de crecimiento y retención.

Consejo:

Puede enviarles mensajes persuasivos y atractivos para que vuelvan a ingresar al ciclo de vida o analizar hasta qué punto es rentable seguir invirtiendo recursos para traerlos de vuelta.

Tipos de campañas:

Mensaje de reactivación, mensaje de "reintento" y mensaje encuesta de salida.

Recuerde: al adoptar el enfoque basado en el ciclo de vida, no sólo está enviando mensajes relevantes y oportunos, sino que también está tomando en cuenta el comportamiento del cliente ante la marca, lo que es fundamental para una buena comunicación.

El esquema aquí expuesto puede servir de base a un plan de ciclo de vida; sin embargo, lo ideal es crear una estrategia que funcione específicamente para su empresa y para las personas con las que se comunica.

Unidad IV: Cultura y cambio organizacional

4.1 La cultura organizacional desde diferentes perspectivas

¿Qué es Cultura? Es la forma de vida de la comunidad, la forma en que los pueblos perciben, organizan su vida y sus aconteceres, aunque en muchos de ellos su presencia parezca invisible. •Siempre está en proceso de formación y cambio; tiende a cubrir todos los aspectos de las funciones humanas; los temas importantes son aprendidos por adopción externa o integrados internamente.

•Es el conocimiento adquirido que las personas utilizan para interpretar su experiencia y generar comportamientos.

•Es relevante ya que permite conocer el comportamiento del personal que labora en las empresas quienes son los encargados de la consecución de sus objetivos

Valores: Están constituidos por creencias, actividades, relaciones que permiten a los miembros de la sociedad expresarse y relacionarse.

Creencias: Son diferentes puntos de vistas que concuerdan y siguen un determinado grupo o masa de personas. Estas varían y se ven afectadas por el lugar, la historia y el clima.

Cultura organizacional

La cultura organizacional, según Lucas y García es el conjunto de creencias y valores compartidos, en mayor o menor medida, por sus miembros. La cultura constituye el estilo propio de pensar, sentir y reaccionar ante los problemas, que comparten los miembros de una organización y que se transmite a los que van entrando a lo largo del tiempo. En este sentido, la cultura es el factor diferenciador entre organizaciones, pues cada una va desarrollando su propio estilo acorde con su historia.

La cultura organizacional, como lo afirman Hodge es una construcción a dos niveles que incluye tanto características observables como inobservables de la organización:

• En el lado observable, la cultura incluye muchos aspectos de la organización como la arquitectura, la vestimenta, los modelos de comportamiento, las reglas, las historias, los mitos, el lenguaje y las ceremonias

• En el nivel inobservable, la cultura está compuesta por valores, normas, creencias y suposiciones compartidos por los miembros de la organización

Efectos de la cultura organizacional

Como la cultura organizacional incluye expectativas compartidas, valores y actitudes, afirman Gibson, ejerce influencia en los individuos, grupos y procesos de la organización. Lucas y García señalan que la cultura organizacional puede ayudar a sus miembros a encontrar significado en la realidad y dar sentido a lo que hacen y puede ser un factor importante de cohesión interna.

Algunas culturas son fuertes, en el sentido de caracterizarse porque muchos empleados comparten sus valores centrales. En las culturas débiles, por el contrario, pocos empleados comparten los valores centrales de la organización y más bien se puede hablar de la existencia de distintas culturas dentro de ella. Las organizaciones pueden funcionar de manera eficiente, sostienen Gibson, sólo cuando los empleados comparten valores. Por eso, en general, son preferibles las culturas fuertes. Sin embargo, una cultura fuerte proporciona y estimula una forma de estabilidad en la organización y, por ello, ha sido por lo general un ancla en el cambio.

Tipos de culturas

Una clasificación de culturas de mucha aceptación, como la presentan, entre otros, Gibson, las divide en:

• Culturas burocráticas (con énfasis en reglas, políticas, procedimientos, cadena de mando y toma de decisiones centralizadas)

• Culturas de clan (con énfasis en la afiliación, las tradiciones y los rituales)

• Culturas emprendedoras (con énfasis en la innovación, creatividad, toma de riesgos y búsqueda agresiva de oportunidades)

• Culturas de mercado o de misión (con énfasis en el aumento de las ventas, el aumento en la participación de mercado, la estabilidad financiera y la rentabilidad)

La cultura de la mayoría de las organizaciones empresariales es probablemente una mezcla de los cuatro tipos de culturas mencionados, aunque puede predominar alguno de ellos.

Ardichvili han propuesto una clasificación de las culturas organizacionales desde el punto de vista ético, distinguiendo los siguientes tipos básicos:

• Cultura impulsada por la misión y los valores (claridad de misión y valores, reflejada en guías y comportamiento éticos)

• Cultura de balance de los interesados (tratar con todos los interesados con una base ética y orientada a valores consistente)

• Cultura de liderazgo efectivo (la cultura ética comienza en la cima y se transmite con el ejemplo)

• Cultura de integridad de los procesos (dedicación a la calidad y la equidad en la gente, procesos y productos)

• Cultura de perspectiva de largo plazo (colocar la misión sobre la ganancia y el largo sobre el corto plazo)

Con independencia de la clasificación que se utilice, no existe una cultura que sea superior a las demás. La cultura más apropiada depende de la naturaleza y de los fines de una organización y del grado de incertidumbre en el entorno.

Fomento de una cultura apropiada

Las culturas de las organizaciones son dinámicas por naturaleza, como afirman Hodge et al (2003); es decir, cambian naturalmente y se desarrollan en respuesta a cambios en la organización y al comportamiento de los miembros de la organización. Esta característica dinámica de la cultura puede aprovecharse para fomentar una cultura apropiada, mediante un cambio cultural planificado.

Los administradores que están interesados en intentar producir cambios culturales enfrentan una tarea difícil, como señalan Gibson. Este proceso, sugieren las investigaciones realizadas, debe comenzar por cambiar el comportamiento en la organización. Luego es necesario hacer que los empleados vean el valor inherente de comportarse en una forma nueva, fomentar los nuevos comportamientos mediante la comunicación, contratar y socializar a miembros que encajen con la cultura y remover a los miembros que se desvíen de la cultura deseada. Pfeffer, citando a Jack Welch, considera que crear o cambiar una cultura organizacional requiere que el líder sea "incansable y fastidioso". Es decir, debe repetir insistentemente su mensaje.

Uno de los propósitos del cambio cultural puede ser procurar una mayor disposición al cambio y la innovación, rasgos que definen una cultura emprendedora, algo muy necesario en un entorno tan cambiante como el de los tiempos actuales. Una cultura emprendedora sana, que permite la adaptación al cambio, es aquella en la que sus gerentes realmente se interesan por sus clientes, accionistas y empleados y la iniciativa y el liderazgo se valoran verdaderamente y se fomentan a cualquier nivel de la organización.

La medición del desempeño, los sistemas de compensación y las prácticas de trabajo deben estar alineados con esos principios para lograr la promoción de una cultura organizacional apropiada. Por ejemplo, si se quiere fomentar el espíritu innovador y emprendedor, afirman Lucas y García, la promoción a un puesto mejor deberá depender de esa cualidad, y no de la antigüedad acumulada.

Ciertas culturas nacionales facilitan más los procesos de cambio que otras. En principio, aunque es muy difícil generalizar, en los Estados Unidos, Inglaterra, algunos países escandinavos, América Latina y algunos de los países emergentes del Pacífico, como Singapur, parecen existir culturas nacionales más propensas a la innovación y al cambio que en Alemania o Japón y el resto de Europa y Asia.

Una de las acciones que se han tomado en Japón y en otros países para disminuir la resistencia al cambio es la de propiciar el aprendizaje continuo. Muchas veces las personas se resisten al cambio por el temor de no poseer los conocimientos necesarios para adaptarse a la nueva situación. Una cultura corporativa que fomente el aprendizaje, al igual que la innovación, es una cultura favorable al cambio.

4.2 Concepto de cultura desde la perspectiva gerencial

El concepto de cultura es nuevo en cuanto a su aplicación a la gestión empresarial. Es una nueva óptica que permite a la gerencia comprender y mejorar las organizaciones. Los conceptos que a continuación se plantearán han logrado gran importancia, porque obedecen a una necesidad de comprender lo que ocurre en un entorno y explican por qué algunas actividades que se realizan en las organizaciones fallan y otras no.

Al revisar todo lo concerniente a la cultura, se encontró que la mayoría de autores citados en el desarrollo del trabajo coinciden, cuando relacionan la cultura organizacional, tanto con las ciencias sociales como con las ciencias de la conducta. Al respecto Davis dice que «la cultura es la conducta convencional de una sociedad, e influye en todas sus acciones a pesar de que rara vez esta realidad penetra en sus pensamientos conscientes».

El autor considera que la gente asume con facilidad su cultura, además, que ésta le da seguridad y una posición en cualquier entorno donde se encuentre.

Por otra parte, se encontró que las definiciones de cultura están identificadas con los sistemas dinámicos de la organización, ya que los valores pueden ser modificados, como efecto del aprendizaje continuo de los individuos; además les dan importancia a los procesos de sensibilización al cambio como parte puntual de la cultura organizacional.

Se refiere al conjunto de valores, necesidades expectativas, creencias, políticas y normas aceptadas y practicadas por ellas. Distingue varios niveles de cultura, a) supuestos básicos; b) valores o ideologías; c) artefactos (jergas, historias, rituales y decoración) d; prácticas. Los artefactos y las prácticas expresan los valores e ideologías gerenciales.

A través del conjunto de creencias y valores compartidos por los miembros de la organización, la cultura existe a un alto nivel de abstracción y se caracteriza porque condicionan el comportamiento de la organización, haciendo racional muchas actitudes que unen a la gente, condicionando su modo de pensar, sentir y actuar.

Dependiendo del énfasis que les otorga a algunos de los siguientes elementos: poder, rol, tareas y personas. Basado en esto, expresa que la cultura del poder se caracteriza por ser dirigida y controlada desde un centro de poder ejercido por personas clave dentro de las organizaciones. La cultura basada en el rol es usualmente identificada con la burocracia y se sustenta en una clara y detallada descripción de las responsabilidades de cada puesto dentro de la organización. La cultura por tareas está fundamentalmente apoyada en el trabajo proyectos que realiza la organización y se orienta hacia la obtención de resultados específicos en tiempos concretos. Finalmente, la cultura centrada en las personas, como su nombre lo indica, está basada en los individuos que integran la organización.

Desde otro punto de vista más general, la cultura se fundamenta en los valores, las creencias y los principios que constituyen los cimientos del sistema gerencial de una organización, así como también al conjunto de procedimientos y conductas gerenciales que sirven de ejemplo y refuerzan esos principios básicos.

Pümpin y García, definen la cultura como el conjunto de normas, de valores y formas de pensar que caracterizan el comportamiento del personal en todos los niveles de la empresa, así como en la propia presentación de la imagen.

El planteamiento anterior, se refiere a la forma como la cultura vive en la organización. Además, demuestra que la cultura funciona como un sistema o proceso. Es por ello, que la cultura no sólo incluye valores, actitudes y comportamiento, sino también, las consecuencias dirigidas hacia esa actividad, tales como la visión, las estrategias y las acciones, que en conjunto funcionan como sistema dinámico.

La cultura determina la forma como funciona una empresa, ésta se refleja en las estrategias, estructuras y sistemas. Es la fuente invisible donde la visión adquieren su guía de acción. El éxito de los proyectos de transformación depende del talento y de la aptitud de la gerencia para cambiar la cultura de la organización de acuerdo a las exigencias del entorno.

Dentro del marco conceptual, la cultura organizacional tiene la particularidad de manifestarse a través de conductas significativas de los miembros de una organización, las cuales facilitan el comportamiento en la misma y, se identifican básicamente a través de un conjunto de prácticas gerenciales y supervisoras, como elementos de la dinámica organizacional. Al respecto Guerin sostiene que es importante conocer el tipo de cultura de una organización, porque los valores y las normas van a influir en los comportamientos de los individuos.

En los diferentes enfoques sobre cultura organizacional se ha podido observar que hay autores interesados en ver la cultura como una visión general para comprender el comportamiento de las organizaciones, otros se han inclinado a conocer con profundidad el liderazgo, los roles, el poder de los gerentes como transmisores de la cultura de las organizaciones.

Definición de cultura organizacional.

El patrón de supuestos básicos que un determinado grupo ha inventado, descubierto o desarrollado en el proceso de aprender a resolver sus problemas de adaptación externa y de integración interna, y que funcionaron suficientemente bien a punto de ser consideradas válidas y, por ende, de ser enseñadas a nuevos miembros del grupo como la manera correcta de percibir, pensar y sentir en relación con estos problemas.

La cultura organizacional es parte constitutiva, esencial y de la propia naturaleza de la organización, no es estática, es de naturaleza dinámica y fluctúa en función de múltiples factores, siendo los más representativos aquellos relacionados con la dirección, las diferentes subculturas que emergen, las condiciones macroeconómicas y sociales en las que se inserta la organización y los elementos discursivos que contribuyen a generar un sentido de identidad determinado.

Aún la cultura organizacional es un concepto que sigue sujeto a interpretación, lo que nos coloca ante el desafío de posicionarnos en una definición conceptual determinada, tomando como punto de partida las diversas perspectivas que a lo largo de la historia se han descrito sobre el término, con la certeza de que aún existe mucha inexactitud a la hora de ubicar dicho constructo en un referente conceptual más homogéneo.

Es por ello que se puede considerar que la cultura organizacional encierra un sistema de significados compartidos por los miembros de la organización, los cuales son el resultado de una construcción social constituida a través de símbolos y como tal deben ser interpretados.

Dichos símbolos se encuentran determinados por el conjunto de normas, creencias, expectativas, mitos, valores, estilos de liderazgo, tipo de diálogo que se establece y que los individuos lo van incorporando en su práctica cotidiana dentro de la organización como el modo, más o menos correcto, de ser y de actuar dentro de ella.

La cultura organizacional es parte constitutiva, esencial y de la propia naturaleza de la organización. Puede ser estática o de naturaleza dinámica y fluctúa en función de múltiples factores, siendo los más representativos, el tipo de actividad que desarrollan, aquellos relacionados con la dirección, las diferentes subculturas que emergen, las condiciones macroeconómicas y sociales en las que se inserta la organización y los elementos discursivos que contribuyen a generar un sentido de identidad determinado.

Importancia de la cultura organizacional

La cultura organizacional es fundamental en toda organización ya que guía el rumbo de la empresa y orienta la forma en la que esta debe conducirse. También direcciona el trato que debe darse a los empleados, clientes y a la sociedad en general.

La cultura organizacional tiene dos grandes ejes de importancia: uno interno, que está relacionado con el personal, directivos, clima laboral; y otro externo, en relación a la comunidad en la que está inserta la organización.

En el ámbito interno es importante tener en cuenta que todo empleado busca identificarse con cierta cultura organizacional. Por eso, cada organización debe comunicar los valores, creencias, hábitos, normas y costumbres que la rigen. A partir de allí, se buscará que todos los miembros se identifiquen con la cultura organizacional y trabajen en pos de dar a conocer la identidad y los objetivos de la empresa.

Con respecto a la sociedad en la cual está inserta la organización, la cultura organizacional sirve como un portavoz para dar a conocer el modo en el que esa empresa se relaciona con la comunidad, es decir, su imagen, la forma en que cuida (o no) el medio ambiente, su interés por el entorno de la misma, su influencia y participación en las actividades barriales.

Elementos de la cultura organizacional

Existen diferentes elementos que constituyen la cultura organizacional y operan de manera conjunta. Los elementos principales son:

• Identidad de la organización. La cultura organizacional se encuentra definida, en parte, por la misión, la visión y los valores de la empresa. La identidad de la organización surge de las respuestas a los siguientes interrogantes: ¿Qué tipo de empresa es? ¿Cuáles son sus valores? ¿Cuáles son sus metas? ¿Cuál es su misión?

• Sistemas de control. La cultura organizacional debe tener sistemas de control, es decir, procesos que vigilan aquello que está sucediendo en el interior de una empresa con el capital humano (empleados y directivos).

• Estructuras de poder. La cultura organizacional establece quién o quiénes son los encargados de la toma de decisiones, de qué modo está distribuido el poder y en qué porcentajes.

• Símbolos. La cultura organizacional está formada por todos los diseños (soporte visual y auditivo) que formen parte de la identidad de la empresa.

• Rituales y rutinas. La cultura organizacional contempla todas las reuniones empresariales, grupo de negocios, informes de desempeño que ocurran dentro de la organización. Estas rutinas pueden tener un carácter formal o informal.

• Historias, mitos y anécdotas. La cultura organizacional está definida por el mensaje implícito que subyace a toda la organización. Las historias cuentan el surgimiento de las organizaciones, sus bases y su crecimiento, su impacto actual en el mercado. Las anécdotas son narraciones de historias reales que los empleados con antigüedad relatan a los nuevos empleados.

Clima de la cultura organizacional

El clima que se genera entre los miembros de una organización suele estar definido por los siguientes elementos:

• Ambiente físico.

Incluye todas las instalaciones y equipos con los que cuenta la empresa, la temperatura del lugar de trabajo, luminosidad, higiene, comodidades de acceso al mismo.

• Ambiente social.

Se refiere a la relación entre los empleados, directivos, departamentos.

• Características estructurales.

Incluye a la estructura jerárquica de la organización, cómo es su estructura formal, el estilo de dirección, entre otras variables.

• Características personales.

Incluye todas las expectativas de los empleados, actitudes, motivaciones, deseos, metas.

• Comportamiento organizacional.

Se refiere al nivel de satisfacción existente en la organización, el modo de controlar el ausentismo las llegadas tarde, la cantidad de rotación o no de empleados, la presión con la que se trabaja diariamente.

4.3 La relación entre la cultura y los conceptos de aprendizaje

La cultura por ser aprendida, evoluciona con nuevas experiencias, y puede ser cambiada si llega a entenderse la dinámica del proceso de aprendizaje. La cultura es un componente crítico para el entorno de aprendizaje. Es importante ser consciente de la influencia que la cultura tiene en todos los entornos de aprendizaje e intentar adaptar esa cultura de modo que dé soporte al tipo de entorno que creemos será el más eficaz.

La importancia de la cultura

En todo entorno de aprendizaje hay una cultura predominante que influye sobre todos los otros componentes del entorno. En la mayoría de los entornos de aprendizaje, la cultura se toma por sentado o puede estar más allá de la conciencia de los alumnos y aún de los profesores. Intentaré demostrar por qué los profesores, instructores y maestros deberían prestar especial atención a los factores culturales, de modo de tomar decisiones consientes sobre cómo implementar los diferentes componentes de un entorno de aprendizaje. Aunque el concepto de cultura pueda ser un poco abstracto en este punto, veremos que es muy importante para el diseño de un entorno eficaz de aprendizaje online.

Cultura y nuevos entornos de aprendizaje

Considerar que la cultura puede ser una buena o una mala influencia para un entorno de aprendizaje, dependerá de si se comparten o se rechazan los valores y las creencias de la cultura dominante. Dado que las culturas predominantes son tan dominantes, es muy difícil cambiarlas. Es particularmente difícil que una persona sola pueda cambiar una cultura dominante. Aún los líderes carismáticos tienen dificultades, como sucede con muchos de los Rectores y Decanos de la universidad.

Sin embargo, las nuevas tecnologías nos permiten desarrollar nuevos entornos y los instructores tienen la oportunidad de crear una cultura que pueda soportar los valores y creencias que consideran importantes para los alumnos de la actualidad.

Por ejemplo, en un entorno de aprendizaje online, he intentado conscientemente crear una cultura que refleje lo siguiente:

- Respeto mutuo (entre el instructor y los estudiantes, y especialmente entre los estudiantes);
- Apertura a las diferentes opiniones y puntos de vista.;
- Argumentación basada en la evidencia y el razonamiento;
- Aprendizaje motivante y entretenido;
- Explicitación de los valores y epistemologías subyacentes de una disciplina;
- Transparencia en la evaluación (es decir, criterios y rúbricas)
- Reconocimiento y respeto por las personalidades de cada estudiante en la clase;
- Colaboración y ayuda mutua.

Los elementos culturales descriptos reflejan mis creencias y valores, los suyos pueden ser diferentes. Sin embargo, es importante que sea consciente de sus creencias y valores ya que podrá diseñar entornos de aprendizaje que permitan desarrollarlos.

También podrá considerar esos elementos culturales como objetivos de aprendizaje, pero no concuerdo con esa postura. Estos elementos culturales son más amplios y más generales y reflejan lo que creo que son las condiciones realmente necesarias para diseñar un entorno de aprendizaje en la era digital.

Finalmente, podrá cuestionar el derecho del instructor para imponer sus condiciones culturales personales en un entorno de aprendizaje. En mi caso, tengo problemas con este aspecto. Como experto en un área o profesional de la enseñanza, está en una mejor posición que los alumnos para conocer los requerimientos de aprendizaje y los elementos culturales que permitirán alcanzarlos. De cualquier modo, si usted cree que los alumnos deberían participar más en la determinación de la cultura, será también una decisión que puede considerarse también relacionada con la cultura del entorno.

El contexto cultural organizacional

El contexto de una cultura organizacional se basa en la observación del comportamiento de las personas dentro de la organización. De esta manera se fomenta a desarrollar el clima laboral, organizacional y el liderazgo.

• Cultura Dominante

Es el conjunto de valores comunes en los miembros de la organización, los trabajadores creen en esta y se esfuerzan por la obtención de sus objetivos.

• Subcultura

Este tipo de subcultura es apoyada por un número mínimo de trabajadores

Aprendizaje organizacional

Es un proceso mediante el cual las entidades, adquieren y crean información, con la finalidad de transformarlo en un recurso de la organización, el cual le permita adaptarse al cambio.

• Aprendizaje de un ciclo

El aprendizaje de un ciclo se da cuando los miembros de la organización responden a cambios en el entorno interno y externo de la organización, valiéndose de la detección de errores que corrigen, manteniendo la cultura organizacional vigente, este tipo de aprendizaje permite a la organización alcanzar sus objetivos propuestos, se asocia con el aprendizaje de rutina y no hay ningún cambio significativo en sus supuestos básicos. La organización se especializa en un proceso.

• **Aprendizaje de un doble ciclo**

Este tipo de aprendizaje corresponde al basado en la autocrítica organizativa que resuelve incompatibilidades en la planeación mediante el establecimiento de nuevas prioridades y ponderaciones de los objetivos o mediante la reestructuración de los valores de la organización, basándose en un cambio de la cultura de la organización y en aprendizaje constante de la organización. Es decir, la organización aprende del entorno replanteando sus estrategias y objetivos.

Características de las organizaciones que aprenden

Las organizaciones tienen la facultad de aprender a través de los individuos que la conforman, por lo tanto, la formación y el desarrollo de las personas son un elemento fundamental en la conformación del Aprendizaje Organizacional.

Las organizaciones basadas en el aprendizaje se enfocan en que el trabajo se realice mejor valiéndose de tres características principales que son:

- Presencia de Tensión: Se plantean cambios en los diversos aspectos de la organización, rodeándose de un equipo especialista

- Pensamiento de sistemas: La organización comparte con sus integrantes su planificación estratégica a través comunicación fluida y la apertura.

- Cultura que facilita el aprendizaje: Parte del trabajo en equipo, escuchar las sugerencias del personal y la empatía.

Diferencias entre la organización tradicional y la del aprendizaje

Las diferencias entre los estilos administrativos de la organización con tradicional y con enfoque de aprendizaje se hacen visibles en la participación estilo de liderazgo y como la organización descentraliza las actividades y responsabilidades entre sus miembros, en todos los niveles de esta manera se trabaja como equipo volviendo flexible y ágil el funcionamiento de la organización.

La alta dirección ya no asume una actitud de cadena de mando, sino que discute y busca alternativas entre sus integrantes, la resolución de conflictos se da a través de la integración de diferentes visiones y modelos compartidos elaborados a través del consenso, y el conocimiento de la organización no se queda solamente en el nivel directivo.

4.4 Cambio e Innovación

La innovación es cambio. Como todo cambio, requiere esfuerzo, genera resistencias y precisa visión y liderazgo. Además, en muchos casos, se requiere un incremento del rendimiento, es decir, ser capaces de generar simultáneamente: Innovación y rendimiento en armonía.

4.4.1 Cambio organizacional

Es muy importante tener en cuenta, en la mayoría de las empresas, que no basta con fijarse objetivos y metas anuales progresivas y controlar su cumplimiento. Para sobrevivir en un entorno cambiante, una empresa debe cambiar. El cambio organizacional planeado, intenta modificar el diseño y los procesos de una organización para hacerla más efectiva y eficiente.

Aunque casi todas las empresas en el mundo parecen estar en permanentes procesos de cambio, para responder a las grandes variaciones en el entorno, la verdad es que la mayoría de los esfuerzos de cambio fracasan, son demasiado costosos, demasiado arriesgados o demasiado lentos. Además, los esfuerzos de cambio organizacional invariablemente van acompañados de problemas de congruencia, necesidades, conflictos y sentimientos de pérdida. Por estas razones, antes de iniciar cualquier proceso de cambio la organización debe estar muy segura de su necesidad y viabilidad. Además, el cambio debe ser adecuadamente planificado.

Muchas empresas creen que la tecnología es el mayor impulsor del cambio. Sin embargo, la tecnología generalmente sólo provoca cambios superficiales. Los cambios deben ser integrales para que sean significativos. La fuerte interacción entre los componentes de la empresa requiere que en cualquier cambio organizacional de importancia se consideren todos los elementos: estrategia, estructura, sistemas, gente, habilidades organizacionales, estilo gerencial y cultura.

La falla en considerar alguno de estos componentes y la interacción y armonía del conjunto puede resultar en el fracaso o en serias dificultades en el proceso de cambio. En los procesos de cambio debe tomarse muy en cuenta la cultura de la organización. La cultura es el conjunto de creencias que las personas de la organización han inventado, descubierto o desarrollado.

La cultura se basa en un proceso social de aprendizaje y no puede ser cambiada sin crear mucha ansiedad en la organización. El proceso de cambio debe prever el esfuerzo de adaptación que la organización necesita para asimilar un cambio cultural. Para que los programas de cambio planeado sean efectivos, los empleados tienen que estar conscientes de la necesidad del cambio, creer en el valor potencial de los cambios y estar dispuestos a cambiar su conducta.

Muchos esfuerzos de cambio fracasan debido a que se cometen frecuentemente varios errores importantes. Para evitar esos errores, Kotter sugiere que se sigan los siguientes pasos al transformar una organización:

1. Establecer un sentido de urgencia de la necesidad del cambio 2. Formar una poderosa coalición conductora 3. Crear una visión 4. Comunicar esa visión 5. Facultar a otros para actuar de acuerdo con esa visión y remover los obstáculos al proceso de cambio 6. Planificar y crear victorias de corto plazo en la dirección deseada 7. Consolidar las mejoras y generar más cambios.

Institucionalizar los cambios en la cultura de la organización

Cuando los líderes quieren influir en la gente para realizar cambios significativos pueden recurrir a seis fuentes de influencia:

• Relacionar el cambio con la misión y los valores de la organización

• Invertir mucho en construcción de habilidades

• Aprovechar la presión de los colegas (procurar que unos influencien a otros)

• Crear apoyo social (procurar que los lideres sean instructores)

• Alinear recompensas y asegurar la rendición de cuentas

• Cambiar el ambiente (cambiar el flujo de datos, la estructura, etc.)

Se han propuesto muchos modelos de cambio, con base en propuestas como las de Kotter y Grenny. Muy conocido también es el modelo del cambio de Lewin, que se basa en aumentar las fuerzas que tratan de producir el cambio y disminuir o neutralizar las que tratan de mantener el estado actual. Lewin sugiere tres etapas para este proceso:

• Descongelamiento: información sobre la necesidad del cambio y atenuación de las fuerzas que tratan de mantener el estado actual

• Movimiento o cambio: intervención en la organización para producir el cambio

• Recongelamiento: estabilización de la organización en otro nivel de equilibrio

Mathews analizó diferentes modelos de cambio y concluyó en la necesidad de proponer un modelo que tomase en cuenta la existencia de fuerzas dinámicas que determinan la complejidad y las tensiones subyacentes en los procesos de cambio. Como resultado, propone un Modelo Dinámico de Activación de Cinco Fuerzas (activación individual, activación social, activación estructural, activación de recursos y activación ambiental). La idea es que esas cinco fuerzas deben ser activadas y balanceadas para lograr un proceso exitoso de cambio.

Los enfoques estructurales (Ivancevich) se refieren a los métodos o acciones directivas que tratan de mejorar la efectividad al introducir el cambio por medio de políticas y procedimientos formales. Entre los métodos o enfoques estructurales se encuentran los siguientes:

• Administración por objetivos (proceso organizacional basado en la fijación y obtención de metas y la evaluación de los resultados)

• Reingeniería (cambio radical en procesos, sistemas y/o estructuras)

Liderazgo y Cambio Organizacional

El tema del liderazgo ha sido uno de los más tratados por toda la literatura organizacional y gerencial moderna. La efectividad de un estilo de liderazgo va a depender de las circunstancias históricas y sociales en que se desenvuelva y de la personalidad del individuo que lo ejerza.

El liderazgo carismático ha demostrado ser históricamente el más efectivo en las etapas de formación y crecimiento de las sociedades y las organizaciones. La personalidad atrayente, la visión, la seguridad que proyecta y la capacidad de sacrificio que demuestran motivan a las personas a seguirlos hasta la inmolación si es posible.

Sin embargo, el mundo se encuentra hoy en los albores de la sociedad del conocimiento, dejando atrás la era industrial, inmerso en la vorágine y las turbulencias de la globalización y los tratados de libre comercio, por lo que el liderazgo carismático y heroico con que la mayoría de los actuales dueños de empresas, gerentes y líderes de organizaciones en general fundaron y echaron hacia delante las mismas, hoy en día, sin darse cuenta, podrían estar constituyendo un obstáculo para la adaptación de estas a los nuevos tiempos.

Fig. 5: Liderazgo y cambio organizacional.

4.4.2 Innovación

La innovación, es el conjunto de los esfuerzos orientados al desarrollo de nuevos productos y servicios y al cambio en los procesos técnicos, administrativos y comerciales de la empresa con el objeto de generar un impacto positivo en el mercado.

La innovación se ha convertido en una estrategia o actitud casi indispensable para la competitividad y supervivencia de las empresas. En consecuencia, las empresas deben interesarse por conocer los factores que deben impulsar dentro de ellas para lograr ser más innovadoras. Para ser más innovadoras deben prestar atención a muchos factores, pero particularmente es necesario que desarrollen los siguientes:

• Orientación al mercado

• Dirección y liderazgo

• Conocimiento de mercado

• Ambiente favorable a la innovación

• Disposición al cambio

• Trabajo en equipo

En vista de la importancia que tiene la innovación para la empresa y el hecho de que la mayoría de las innovaciones surgen de proyectos establecidos para generarlas, las empresas deben prestar atención a los posibles factores de éxito de esos proyectos:

• Prestar suficiente apoyo al proyecto, designar un director competente para ejecutarlo, asegurarse que hay una clara definición y entendimiento de la misión y las metas del proyecto y que éste cuenta con un buen plan de ejecución y exigir la debida consulta con el usuario del proyecto y las garantías de su aceptación al proyecto

• Prestar particular atención a la calidad del producto en relación con la calidad de los productos establecidos en el mercado, en el caso de desarrollo de nuevos productos

• Tomar en cuenta el carácter incierto de los proyectos de innovación, por lo que no se les puede exigir resultados de la misma forma que a otros proyectos de la empresa, tal como lo recomienda Kanter.

Los estudios sobre los fenómenos sociales en las empresas y en particular los relacionados con la innovación destacan la interdependencia que existe entre las variables que influyen en esos fenómenos, lo que permite visualizar la innovación como un sistema.

En efecto, un sistema es un agregado o conjunto de partes que son interdependientes, de tal modo que las variaciones en alguna de las partes producen variaciones en el resto.

Toda organización o empresa puede ser considerada como un sistema y la innovación es también un sistema o, si se prefiere, un subsistema del sistema de la organización. Silva definió un modelo del sistema de innovación que podemos denominar modelo de las 7I, inspirado en cierta forma en el modelo de las 7S o modelo de McKinsey sobre los componentes de la organización.

Los componentes del modelo de innovación propuesto son los siguientes:

• Los individuos son las personas que integran la organización y constituyen la base fundamental tanto de la innovación como de la empresa en sí.

• La información es el conocimiento obtenido de las operaciones y de las actividades de Investigación en la empresa.

• El impulso es la fuerza que mueve o desarrolla la innovación en la empresa. Esta fuerza es ejercida por la dirección de la empresa.

• La interacción es la acción o influencia mutua o recíproca entre las personas pertenecientes, asociadas o relacionadas con la empresa.

• La investigación y desarrollo es la indagación o búsqueda de conocimientos y la aplicación de esos conocimientos al desarrollo de nuevas tecnologías, productos, servicios y procesos comerciales en la empresa.

• La inclinación al mercado es la tendencia o disposición a entender el mercado y tratar de satisfacer las necesidades de clientes y consumidores de manera consistente.

• La intrepidez es la ausencia de temor al cambio, sin miedo a explorar y aventurarse, procurando aprovechar nuevas oportunidades de negocio y realizar mejoras radicales.

Particularmente la confianza institucional o impersonal, tiene un gran efecto en la capacidad innovadora de una organización. En efecto, podría decirse que ésta es la base sobre la que se puede desarrollar cualquier modelo de innovación de la empresa. Aunque ciertos principios básicos, como los expuestos, pueden ser útiles, las organizaciones deben desarrollar procesos de innovación adaptados a sus necesidades, tamaño y cultura.

Referencias:

Aimee C. Juarez (2017). Organizational Systems and Characteristics. Bizfluent. Tomado de: bizfluent.com.

Alles, M. (2013). Comportamiento Organizacional: cómo lograr un cambio cultural a través de Gestión por Competencias. Ediciones Granica.

Chelsea Levinson (2018). What Are Organizational Systems? Tomado de: bizfluent.com.

Douglas Day (2015). The Six Systems of Organizational Effectiveness. Leadership Circle. Tomado de: leadershipcircle.com.

Gilli, José Juan, (2017). Claves de la estructura organizativa. Buenos aires: Granica.

Koontz, H., Weihrich, H., Cannice, M., Díaz, M. J. H., & Staines, M. O. (2012). Administración: una perspectiva global y empresarial (14ª ed.). México, México D.F.: McGraw-Hill.

Pérez Uribe, R. I., Ocampo Guzmán, D., & Lozano Correa, L. J. (2015). Intervención e innovación de la Cultura Organizacional.

Prieto, H. J. E. & Therán, B. I. (2018). Administración, teorías, autores, fases y reflexiones. Ediciones la U, Colombia.

Reyes, J. (2018). Desarrollo de culturas de participación positivas en las organizaciones laborales. Universidad y Sociedad, 9 (4), 3-10

Richard L. Daft. (2005). Teoría y diseño organizacional, México, Thomson, 8va Edición.

Rosas, V. (2011). Gestiopolis. Obtenido de https://www.gestiopolis.com/ambiente-externo-de-lasorganiza

Segredo, A.M., García, A.J. & León, P. (2017). Desarrollo organizacional, cultura organizacional y clima organizacional. Una aproximación conceptual. Revista INFODIR, 24, 86-99.

Susan Kerr (2017). Types of Organizational Systems. Bizfluent. Tomado de: bizfluent.com.

Will Kenton (2020). Organizational Structure. Investopedia. Tomado de: investopedia.com.

Jesús M. Guzmán Chinea: Graduado de Ingeniero Termoenergético, Doctor en Ciencias Técnica, Master ciencia gerencial, Doctorado en licenciatura liderazgo de educación en Universidad de Keiser, profesor e investigador MBTU, autor de varios libros científicos – técnicos, Posee condecoraciones y premios por su actividad científica.

AÑO 2021

Publicación Científica – Técnica y Docente

yes

I want morebooks!

Buy your books fast and straightforward online - at one of world's fastest growing online book stores! Environmentally sound due to Print-on-Demand technologies.

Buy your books online at
www.morebooks.shop

¡Compre sus libros rápido y directo en internet, en una de las librerías en línea con mayor crecimiento en el mundo! Producción que protege el medio ambiente a través de las tecnologías de impresión bajo demanda.

Compre sus libros online en
www.morebooks.shop